これからの住まい

——ハウジング・スモールネスの時代へ

川崎直宏
Naohiro Kawasaki

岩波新書
1924

はじめに

１９６０年代後半の高度経済成長の最中、「大きいことはいいことだ」というＣＭソングが流れ、そのフレーズが耳にこびりついていました。このＣＭソングは時代の空気を如実に反映し、皆がそのフレーズの価値観を等しく共有していたように思います。国の経済は成長を続け、多くの産業や事業活動は拡大し、人々の行動範囲も全国各地に、さらに海外にまで広がりを見せ、人々の生活は確実に豊かになると誰もが信じていた時代でした。

平成期を経て、令和の時代に入り、人々の価値観や時代の空気は大きく変わりました。

現在は、人口減少が現実のものになり、マスコミや書店で目や耳に飛び込んでくるのは、「縮小・縮退」「消滅」「終焉」「コンパクト」「スポンジ化」「余剰」「負動産」など比較的ネガティブなイメージの用語が多くなりました。しかし、現在の社会像はこのようなネガティブなイメージに象徴される時代なのでしょうか。そのことを改めて問い直すことから考えてみたいと思います。

高度経済成長期から安定成長期を経て、低経済成長期に至る各時代を象徴する世代は団塊世代から団塊ジュニア世代、ミレニアル世代（1981年以降1995年までに生まれた世代）に移り、各時代の空気は、これらの移り変わる世代の価値意識の変容に相通ずるものを見出すこともできます。団塊世代やこれに続く団塊ジュニア世代までの共通する価値観は、経済成長環境のなか、「勤勉」「物欲」「成長志向」「競争意識」が高い。しかし、ミレニアル世代の特徴は、「デジタル」「質素」「社会貢献」というキーワードで語られ、資産形成意欲や上昇志向は乏しく、価値観は安定志向・コミュニティ志向が強いといわれています。

こうした国民の価値意識の多数派（代表世代）の変遷にもかかわらず、現在、国が政策として志向している社会経済像は、依然として、成長経済、物理的豊かさ、拡大基調の生活・活動に根差して語られているようにみえます。このことが、現在様々な領域で発生している社会状況や活動、およびこれに連なる今後の社会経済像をネガティブイメージに追いやっているとすれば、そのボタンを掛けなおすことこそ喫緊の課題です。

筆者は、1970年代に学生時期を迎え、当時1972年にはローマクラブのレポートとして『成長の限界』（ドネラ・H・メドウズ、日本語版はダイヤモンド社刊）が発表され、成長による人類の危機が報告され、1973年には「スモール・イズ・ビューティフル」（邦題『人間復興の経済』)が出版され、我々に大きな刺激を与えていたことが思い出されます。これらは、やや哲学的・宗教的な趣があるものの、未来に向けた社会の大きな転換を予感したものでした。しかし、時を経て現実の世界はこうした方向とは真逆のグローバリズム全盛の時代を迎え、平成の30年間はグローバリズムの時代と形容されてもいます。

それでも平成後期頃から時代の空気が変わりつつあり、ようやく50年前の「成長の限界」と「スモール・イズ・ビューティフル」の理念が見直されつつあるようにも見えます。これは40～50年間くすぶり続けてきた時代の転換を予感させ、筆者にとっては機が熟してきた状況を見極めたい思いもあります。

本書の主題である、これからの住まいやまちづくりに照らしてみると、居住関連ビジネスは住宅の供給にとどまらず、住宅の診断、保守、メンテナンス等の管理ビジネス、リフォームや住宅としての資産活用、住宅関連相談や住宅のあっせん・流通支援、居住支援サービス・生活支援サービス、セキュリティーやまちの管理などが志向されています。これらは、多角的かつ総合的に展開する地域の総合的居住ビジネスとして構築され、地域の居住を支える事業者や、住まい手やまちの様々な活動や居住にかかわる人たちと協働して、より豊かな生活を目指していく身近な地域のビジネスや活動に支えられた態様として考えていく必要があります。

ここではその概念を「ハウジング・スモールネス」として表現しました。「スモールネス」という概念は、「縮小」という、ともするとネガティブなイメージを拭えないかもしれませんが、筆者は「身近」「凝縮」「きめ細かさ」などの住生活を豊かにするための包括的な概念としてとらえています。これは、ミレニアル世代の新しい生活価値観を象徴するイメージとして、よりポジティブに、かつ豊かさを高めていく概念であり、この概念が地域の様々な事業や活動が連携していく姿として認識されていくことを期待したいと思います。これらを確認していくために、様々な模索を続けてきた平成期の住まいやまちづくりに関する事業や政策の流れを現在に至る予兆として適切に読み解いておきたいとの思いが、本書執筆のもう一つの大きな動機です。平成期の住宅事情と住宅政策の流れを見ると、今後の住宅政策のあり様を展望することができます。

本書を執筆しつつある時期に、世界は新型コロナウイルスによるパンデミックに陥っていきました。この世界的な感染症の爆発の背景には、ヒト、モノ、カネが行き交うグローバリズムの蔓延があるといわれています。ヒトの移動に伴うウイルスの拡散に対する感染症対策の主たるものは人々の交流抑制等の行動変容であると言われていることは実に意味深く、進みすぎたグローバリズムのほころびの一つになるのか、新しいＩＴ技術を伴う社会システムへの転換の契機となるのか気になるところです。いずれにしろ今後、コロナ対応をも含めてヒトの移動を抑制しつつ、モノ、情報、カネが行き交う新しいグローバリズムの展開は必須です。この際、ヒトの生活行動範囲はローカルに凝縮されていくことになると思います。このことは、特に、アフターコロナ(新型コロナウイルス感染終息後)の社会システムや人々の行動パタンを大きく変えることになり、社会経済活動にも大きな変化をもたらすこととなります。居住関連ビジネスについても、必然的にスモール化を推し進めることになり、「ハウジング・スモールネス」概念はアフターコロナ社会のハウジングを再整理する大きな手掛かりとなるように思います。

アフターコロナ時代の住宅政策は新しいステージに入っていくことになります。本書がその一石を投ずるきっかけになれば幸いです。

目次

目　次

目次

*本文中の名称や肩書き等は、原則として当時。また敬称は略した。

序章　これからの住まいに求めるもの

1　住まいとは

住まいとは何か。人々は生きて生活している限り、何らかのすみか(住処)をもっています。ホームレスや船上生活者においてもいわゆる住宅とはいえなくとも何らかのねぐらをもっています。しかし、住まいは単なるねぐらではなく、やや社会的な意味合いを持つものと想定され、地域や時代、環境条件によってさまざまに語られているようです。住まいの基本は生活の器ですが、風雨寒暑・外敵から身を守り、家族のきずなを深め、休息と安らぎを与えて心身をいやし、子どもを育て、社会に対してなわばりやルーツを誇示するなど様々な意味合いを付して語られることも多くあります。このことは先人の住宅研究者や社会学者が様々な論を展開されていますので、門外漢の筆者がこれ以上掘り下げる意図はありません。

一方、住まいの主要な空間形態となる住宅とはどのようにとらえればよいのでしょうか。多くの人は現に居住している住まいを住宅として認識していると思います。しかし、この住宅の定義も実はすこぶるあいまいです。現在は様々な住まいが存在します。たとえば単身赴任者の住まいとしての短期契約アパートやウィークリーマンション、ホテルの長期契約など様々な居住空間がありますが、どこまでが住宅でどこからが宿泊施設かはあいまいです。高齢者についても、高齢者住宅から有料老人ホーム、老人介護施設、老人病院などどこまでを住宅としてとらえるかもあいまいです。人によっては住宅をもちつつ施設や病院に住まう状況もあり、地域の住宅と都心に「二居住」したり、別荘に居住するケースも見られます。しかし、統計上は日本の住宅総戸数は６２４０万７０００戸と公表されています（２０１８年）。これらは統計を取るための便宜的な定義によって特定されています。因みに、住宅土地統計調査では、住宅とは「一戸建の住宅やアパートのように完全に区画された建物の一部で、一つの世帯が独立して家庭生活を営むことができるように建築又は改造されたものをいう」と定義しています。この定義によれば、福祉施設やサービス付きマンション居住、ホテル居住、シェアハウス居住等も含まれそうです。たとえ住民票がなくても、別荘や単身赴任者の住宅等は住宅にカウントされるようです。また着工時点においても建築確認申請によって新築住宅着工戸数が示されていますが、建築基準法に用途別規制があるため、住宅としての申請や寮や施設としての申請の基準の違いによって区別されることもあります。近年増加している災害に対しても仮設住宅は建築基準法の適用外で、住宅としてどう考えるかも明快でない部分もあるようです。こうした住宅を取り巻く様々な状況を勘案すると、住宅を厳密に定義することにさほど意味はなく、むしろ幅広く生活の器としての住まいを考えていくことが一層重要な時代になっています。

やや限定して住宅をみても、日本の住宅の特徴は構造や建て方、住居形態においてきわめて多様です。具体的には、木造戸建て、コンクリート造の集合住宅、超高層住宅等それぞれが一定の比率で併存しています。近年は住宅技術が飛躍的に進歩していますが、新しく建てられる住宅の構造や建て方も一定の方向に集約することはなく、地域や密度、立地状況等に応じて供給され、多様な選択ができることが大きな特徴です。木造技術は1000年以上に及ぶ伝統技術の継承や技術改良がほどこされ、近年は地球環境問題への対応や脱炭素社会に向けて再び大きな注目を浴びて展開・発展が見込まれています。地域の木造住宅業界も住宅産業を幅広く支える体制の強化が期待されています。その一方で、都市部において超高層住宅が林立していることが社会問題となっており、住まいを身近に考える大きな契機になっているようです。

こうした様々に併存している住宅や住まいについてみると、それぞれの状況に応じた長所短所があり、まずは現状をおさえることが重要です。住まいは人々が豊かな生活を営んでいく基本となる器であり、多様な選択ができる状況であるからこそ、こうした認識は自らが住生活を選択し形成していくベースとなるはずです。こうした視点に立って、改めて住まいの状況を見つめなおしてもらいたいものです。

2 ハウジングとは

住まいを考えるとき、「ハウジング」という概念を併せて考えていただきたいと思います。ハウジングとは『広辞苑』(第七版)によれば、「住居。また、土地・住宅・家具・インテリアなどを扱う住宅関連産業の総称」とされています。このように、ハウジングという用語は、住まいに関わる状況を幅広く捉えて、動・名詞系の用語として計画、生産、供給、管理、政策などを包括する概念として使用されています。ハウジングが住宅や住まいを生産するプロセスや住まうことの豊かさを構成する要素を包含する概念だとすれば、これらに関わる産業、すなわち住宅の供給に関わる業界は就業人口が全就業人口の10％程度を占めるといわれ、多くのビジネスや多くの人々によって支えられていることになります。したがって、住まいを考えること、さらにハウジングを考えることは、社会の大きな仕組みとの関係性に注目することに他なりません。

また、ハウジングという用語は、都市計画やまちづくりの領域で使われることも多く、この場合は住宅を「群」として捉えて語ることが多いようです。このためここに含まれる概念は共同住宅や集団的に供給される住宅群、したがって必然的に構成されるコミュニティや共用空間等も包含し、その共同価値や社会価値を含む住環境形成もその対象となるようです。

筆者の先輩である佐藤健正(市浦ハウジング&プランニング元社長)はハウジングという言葉の意味について、「一言でいえば、「誰もが適切な住まい、良好な環境に暮らせる社会を作る取り組み」のことをハウジングと呼んでいます。そのためには、①一定の質を備えた住宅地を計画的に作る必要があり、②住宅に困っている人に住宅を供給することや、新たに建つ住宅に適切な水準・ルールを決める社会的な取り組みが重要です。さらに言えば、③居住者自らが住まいと身の回りの環境を守り育てていくことが必要になります。ハウジングとは、そうしたことを含む全体の概念、考え方のことを言います」と語っています(住まいの大阪学連続セミナー「世界の住まい・まちづくりセミナー1：イギリス編」講演録より)。

特に、都市やまちづくりの視点から見ると、住宅は都市やまちを構成する主要な要素であり、街の景観をつくる重要な駒です。新自由主義の理念に基づけば、住宅は市場で取引される財で、所有者の自由な裁量に委ねられる消費財です。その消費価値に委ねられて取引される財の価値づくりに向けて、規制や統制のない建築自由の原則が謳われることもあります。しかし、住宅がまちや空間、景観を構成するとすれば、同時に社会財としての性格も持ち合わせることを考えなければなりません。特に、近代の密度高く集積する都市においては、住宅は隣近所と無関係に存在することはありません。日照、通風、温熱環境、外部空間、色彩、景観などの相隣関係を配慮しつつ住宅を考えていくことが必然です。

かつて、ＯＥＣＤの対日都市政策勧告(Urban Policy Japan: 2000.11)が行われ、次のように指摘されています。「日本では土地・建物の所有者の権利が至上のものと見られていて、個々の土地の所有者が相互に無関係に、構築物を自由に建てられる。個々人の意志に基づいて都市が形成されている(公共の利益を保護する都市計画の役割が機能していない)。個々の建築とその地域を調和させるような基本デザイン、統一されたガイドラインがない場合が多い」。さらに、「この規制なき開発が、日本の都市の公共領域の貧しさや建物のプアなデザイン、不調和な街並みを生み、結果的に生活の質を損なっている」。「日本の都市は公共の利益の視点から開発やデザインに関する戦略の枠組みを明確に打ちだすべきであり、それこそが公的部門が果たすべき役割である」(国土交通省都市・地域整備局まちづくり推進課監修、国際都市政策研究会訳『再生！日本の都市――ＯＥＣＤ対日都市政策勧告』ぎょうせい、２００１)。

この勧告は、一般的にはさほど大きく取り上げられることはなかったものの、まちづくり関係者にとっては、欧州の美しい都市や街並み景観、まちの豊かさに対し、当時の日本の景観を考える契機になったように思います。イギリスの都市計画法の提案者ジョン・バーンズは「都市計画とは、家庭が健全で、そして住宅が美しく、まちは楽しく、都市は威厳に満ちていて、かつ郊外はさわやかであるように」(法案提出時の演説：佐藤健正訳)と言っており、イギリスをはじめ欧州の人々には住宅や住宅地が美しくかつ芸術的であるべきだという精神が受け継がれているようです。2003年には日本政府は「美しい国づくり政策大綱」を発表し、美しい国づくりに向けて政策転換することを表明しました。このことが団地における景観への配慮や電線の地中化などの引き金にもなっています。その後、各地で景観条例が策定されていますし、観光立国への取り組みも進められるようになりました。

高度成長期を経て、戦後の住まいは飛躍的に向上してきました。今、住まいづくりを通してまちの豊かさ、美しい街と景観を作り上げていく試みが求められています。ハウジングは成熟社会における住まいを考える際の重要な視点になっています。日本が成熟した社会へのステップを踏み出していくために、ハウジングを通した住まいを一緒に考えていきたいと思います。

3　住宅政策の行方

筆者は、大学卒業後40年以上にわたりハウジングコンサルタントとして行政の住宅政策に関わってきましたが、ここ数年の時代の大きな変容に戸惑うことも多々あります。近年の行政の様々な計画は、成長や拡大路線を志向し、強い経済を目指した産業政策とその副作用にあたる居住の貧困の支援との二極化が際立ってきていますが、いずれも、依然として計画や制度設計の担い手は行政官とそれをサポートするコンサルタントに委ねられています。このため、近年の様々な政策や計画は成長や拡大を志向する事業や業界の育成に軸足を置くものが多くなっているように思います。

我々ハウジングコンサルタントは計画づくりの専門家ですが、住まいづくりや住まい方の専門家は、実は地域に居住する住民自身です。これからの住まいづくりは、住まい手の視点から地域の住民やまちづくりに参加する様々なひとたちに寄り添って計画していくことが求められています。こうした視点に立てば今までとは異なった別の風景が見えてくるように思います。まずは多くの人々に住まいに関わる状況や仕組みを理解していただくことが重要で、そのためには地域住民やまちづくりの担い手と協働するための仕組みが重要になります。

現代は、国際化が進展し、IT技術などを背景としたボーダレスな社会が構築されつつある一方で、諸外国との言葉や習慣、考え方、文化などの違いや地域の独自性が再認識されるようになってきました。そのような中で、徐々に日本特有の文化や美しさに対する意識が強くなってきています。人々の生活様式や価値観が多様化して、地域内での住民の間の交流などは希薄化しつつありますが、一方で、地域社会の将来や持続可能性を危惧する声も少なくありません。時代の変化の中で、地域を手掛かりとしたひとびとの交流や生活行動意識を再構築することが求められているといえます。

現在のハウジングは様々な視点や領域で大きく変容しています。後述する「住生活基本法」の成立を待つまでもなく、住宅産業は、大量生産の時代からきめ細かな住生活空間の創造や新しい生活像の提案を重視する居住産業・生活サービス産業にシフトしており、住宅需要も徐々に新築からリフォームや既存住宅流通に移行してきました。いわば、「ハコの産業」から「場の産業」へのシフトが謳われ、住宅地の大型開発は影を潜め、団地や郊外住宅地の再生が住宅地整備の主たる事業に代わってきています。これらを担う住宅・居住産業は、従来の大量供給を目指したハウスメーカーなどの大量生産・工場生産型の産業から脱皮し、きめ細かさと地域や場所ごとの即地的対応が求められるようになってきているのです。その供給ビジネスは、よりきめ細かな対応を可能とする、地域に密着した居住関連産業への移行が必然となっています。住宅・居住産業は、流通機能や情報機能の発展により、生産と消費の分散化が可能となり、状況に応じた再編が進んでいましたが、これからの居住産業の基盤は、地域活性化支援、地域創生、リフォーム対応に一層シフトしていくと思われます。

高齢化に伴う居住サービスも、福祉・生活サービスに見られるような財やサービスの生産・供給と、それらの消費が同時にかつ同場で行われることになるでしょう。そして、これに代表されるように地域密着型のサービスは、小さな系で循環する経済をベースに、ストック再生ビジネス、空き家活用ビジネス、各種シェアハウジング、民泊ビジネス、コミュニティ型居住ビジネス、居住支援ビジネスなどに発展・展開することが見込まれます。

これら産業の発展理念は、社会経済理念としての「規模の経済」から「範囲の経済(密度の経済)」を方向づけることとなります。すなわち、団地のように標準化された少品種製品の大量供給による生産性の向上を図る物的供給事業モデルから、小エリアにおける物的供給やサービス・管理など多角的な事業展開を総合することによって事業効率を求める総合生活産業への展開が主たるビジネスモデルとなることが必然です。こうしたビジネスは、種々の業態間のシナジー効果を生み、エリア内の様々な活動の関係性を強め、新たな地域社会像を構築する機動力となります。

現在は、地域の総合生活産業を担う市場は未だ先導的、ゲリラ的な事業にとどまっていますが、こうした活動やビジネスは、地域に密着するが故に得られる「顔の見える業」の信頼性が高く、地域にとって持続的な取り組みとして社会貢献が見込まれます。

地域ごとに生ずる居住格差や住宅問題についても、詳細な状況把握ときめ細かな対応が可能になり、市場のセーフティネット機能の確立や、それらの事業の保護など多角的に取り組むことができます。人口減少時代のまちづくりや都市政策としてのコンパクトシティの実現に向けては、こうした地域密着型のハウジングビジネスによる地域経済循環の実現とその社会像の共有が不可欠となります。

とりわけ、賃貸住宅市場をみると賃貸住宅は地域の居住循環を支える財としての社会性が評価されるビジネスとならなければなりません。したがって、賃貸住宅市場についても、適正・公正に取引される市場ビジネスとアフォーダブル（適正な家賃）な住宅として安定した居住状況を実現することが必要です。

また、住宅の資産価値の持続に向けては、改修の促進、管理システムの確立が求められ、これらを適正に評価する仕組みと共に、こうしたビジネスを含む地域の雇用、市場活動を支え、居住産業・生活産業や地域産業、雇用等の地域社会構造への再編を伴って、地域社会の様々な居住関連市場を構成するための総合的取り組みが求められます。

こうしたハウジングの態様は、平成期から見え隠れしていたハウジングを巡るいくらかの変容の総体化された姿として描かれるものです。そのいくらかの変容を時代の流れとして読み取ることが、今後のハウジングを展望することになります。

このような視点から、第1章は「戦後住宅史の流れをたどる」として、戦後からの住宅政策の流れを概説し、現在の住宅業界で見られつつある多くの態様やその変容状況を整理していきます。第2章から第6章は、主に平成期以降に見られた大きな潮流を「官から民へ」「つくるかららつかうへ」「所有から利用へ」「住まいから暮らしへ」「在宅から地域へ」の五つの流れとして捉えて、それぞれの流れを社会状況や政策対応の状況、課題などを織り交ぜて読み取りつつ、それぞれの流れの方向について考察しています。終章では、これらの流れの包括概念としての「ハウジング・スモールネス」の状況や今後の方向について展望しています。

こうした今まであまり綴られたことのない平成期の住宅政策の流れを読み解くことによって、今後の住宅政策の方向を考えてみたいと思います。

第1章 戦後住宅史の流れをたどる

1　戦後の「官」主体の住宅政策

日本の住宅政策は、戦前は内務省による厚生行政の一環として進められてきましたが、戦後は、戦災による被害からの住宅復興を目指した建設行政として取り組まれました。

戦災復興から始まった住宅政策は、直後の応急住宅の供給に引き続いて、420万戸の住宅不足に対応するための恒久的な住宅を建設し、国民に供給することを主とした政策として展開されています。中でも、公営住宅をはじめとする公共住宅供給と、公庫融資による持ち家推進策が主とされてきました。国土が焼土と化し、壊滅的な状況の中では、民間住宅の市場供給に頼めるような状況ではなく、公共住宅を直接供給することが求められたのです。こうした歴史的な経緯から、日本の住宅政策は、欧米に見られる「居住福祉」の視点より、むしろ住宅の建設促進を主眼としており、公共住宅はその先導的な供給事業としての役割を担わされました。

そのうちの「公営住宅」については地方公共団体が国庫の補助を受けて建設し賃貸するもので、

憲法第25条に示される「居住権」を保障するために、住宅に困窮する低額所得者対策として供給されました。一方で、「公団住宅」は国と地方公共団体で設立された日本住宅公団により宅地造成、建設、賃貸、譲渡された一群の住宅です。人口が大都市へ集中することに伴う対策として、また、その後の高度経済成長を支える雇用人口の受け皿としての役割を担ってきました。

こうして日本の住宅政策は、①公営住宅による低所得者向け賃貸住宅供給、②公団・公社による、都市部に集中する若中年を対象にした中堅所得階層向け住宅供給、③住宅金融公庫による持ち家階層向け融資などの公共住宅供給を三本柱とする「階層別住宅対策の体系」を築いてきたのです。そして、その後も一貫して、この「階層別対応」と住宅不足の解消を目指した「戸数主義」を理念とする基本的枠組みが維持されてきました。

戦後の公共住宅の果たした役割を見るとき、その源流は「住宅営団」に代表されるように戦前に遡ることになります。戦後の住宅復興は、戦前からの「住宅営団」の様々な技術や知恵の蓄積などを引き継ぐことによって、「公営住宅法」(1951年制定)をはじめとした新しい法的整備が進められ、住宅供給方針や組織づくりが行われてきました。これによって、大都市を中心に大量の公共住宅を供給することが可能となり、結果として復興を迅速に進められたとみることが出来ます。

戦前の住宅営団で住宅・住まいの研究を担った建築学者・西山夘三《にしやまうぞう》(のちの京都大学教授)は公共集合住宅の供給について、以下のように述べています。

「これは特定の建築主の建築ではなくて、不特定の居住者が持つ要求条件を科学的につかみだし、住宅の「型」を確立し、提供しなければならない」。「建築はここでは単なる建築技術者であるだけでなく、住宅供給の企画に参加する経済学者・社会学者・財政学者であり、政治家でなければならない」。

また、住宅営団で設計実務を担った市浦健(のちの市浦ハウジング&プランニングの創始者)は、次のように述べています。

「建築技術者に要求される分野がこのように広く困難であることを初めて知ったこと。早急に現在に処して最大の努力を払うばかりでなく、将来の建築技術者の心構えにも技術にも大きな変革を与える努力を尽くすべきである」(『幻の住宅営団』日本経済評論社)。

こうした公共住宅への取り組み姿勢が、その後の公共住宅事業に反映されていくことになります。

戦後の公営住宅は、「51C型標準設計」に代表される中層(4〜5階建て)の共同住宅の規格型標準設計が中心で、不足する住宅を建設する中で、公営住宅を供給する制度と組織をつくりつつ、同時に新しい居住者の住まい方の実態を調べ、それに即した新しい構造形式を求めてきたのです。その結果、住宅困窮への対応とともに日本人の生活近代化を志向する住宅の「型」を確立し、日本の公共住宅の基礎を築いてきました。

その後、経済復興期には消費生活は戦前の水準を越し、１９６０年以降の池田内閣による所得倍増計画を経て高度経済成長期に入ることになります。第一次産業の衰退、第二次、第三次産業の発展とともに、労働力は大都市に吸い上げられていき、大都市の人口増加が始まります。住宅不足は大都市において深刻な社会問題となっていきますが、そこで住宅の絶対量の不足に対応するために、公営・公団住宅を中心とした量の確保のための提案が始まります。その背景には都市に流入する若い家族を主とする核家族化の進展もありました。こうした核家族に対応するための近代的生活像を示すＤＫ(ダイニングキッチン)タイプを主とする規格型標準設計が大量に供給されました。

建築生産近代化の世界的権威であるフランス建築総監カミュ・ボノムは、１９６４年に来日し、日本に対し、次のような助言・勧告を行いました。

①政府が直接関与できる公共住宅の近代化に対し、積極的に施策を講ずること、
②地方公共団体、住宅公団、住宅金融公庫の事業が建築生産の近代化を促進すること、

③建築技術の近代化・標準化の推進と教育・研究機関と認定機関の設立、の3点です。

これを受けて、日本の住宅政策は、公共住宅主導のもとに、これまでに蓄積された工業力でもって量産化、工業化が精力的に推進されました。また、この頃に、大都市内部の地価が高騰し、同時に都市内部にあった工場の再配置換えにともなう宅地化などによって住宅の高層高密度化が進み、高層住宅の普及と標準設計化も進められました。

公営住宅の規格型標準設計は、大量供給に伴う技術を向上させたり、品質水準を確保することなどを可能にしてきましたが、この時期は工業化生産方式の開発も進められ、「SPH(Standard of Public Housing)」と呼ばれるPC構法(大型プレキャスト版による建築構法)による標準設計を主として、高度成長を続ける社会経済状況に対応してきました。

このように、公営住宅や公団住宅は、日本の居住状況や住宅状況を構築する原点となる事業を進めてきたといえます。

しかし、1970年代の石油ショックを境に、経済成長が鈍化し、安定成長へと転換し始めました。この時期に住宅需要は激減し、1972、73年度には年間180万戸を超えていた新築住宅着工戸数は、74年度には139万戸にまで落ち込んでいます。そのような状況の中、住宅需要層の価値観は大きく変化し、住宅に対するニーズも多様化して、公営住宅の標準設計に対する考え方も大きく変化してきました。公共住宅においても、寸法などをルールとする「NPS(New Planning System)」と呼ばれる、ゆるい標準設計を指向するようになります。統一から分散に、中央から地方へと、施策の転換が図られ、様々な方向で住宅の質の向上を図る試みがなされ、それが今日まで継続されています。こうした状況の中で、戦後の規格型標準設計は解体されていくこととなりました。

この時期までの住宅政策は一貫して「公」を主体とする展開として捉えられます。

2　持ち家主義の確立と住宅すごろく

戦後復興期の様々な政策は、戦後の政府資金を産業復興などに重点的に使う必要があるとされ、常に「経済復興」が「生活復興」に優先されていました。一方、戦災による大量の住宅不足や戦前・戦中から続く人口増のため、住宅難を抱える世帯は膨大に存在していました。この膨大な住宅需要には公共住宅を供給することで対応していましたが、それでも公共住宅の建設によって十分な量を供給することには限界がありました。

このため、大量に求められる住宅不足への対応としては、持ち家へ資金を融資することで国民の自力建設にも多くの役割を委ねることとしました。こうした状況を踏まえて、住宅不足への対応としてGHQの指示に基づき、1950年に、住宅政策の中でも最大の眼目として、個人向け住宅建設における長期かつ低利の住宅資金を融通する公的金融機関である「住宅金融公庫」が設立されました。「住宅金融公庫」は、以降の持ち家政策を担うことになり、戦後から一貫した住宅政策の特徴となる持ち家推進策が方向づけられたのです。

こうした個人の持ち家取得に向けた推進策は、「フィルトレーション効果」を論拠としていました。すなわち、持ち家階層を支援することで住み替えが助長され、その結果として借家階層にも効果が波及していくことで、居住水準全般が向上していくことが期待されたのです。この時期には、こうした持ち家取得を目標に置いた住宅政策シナリオが描かれ、その典型として、人生60年時代を想定した「住宅すごろく」が喧伝されました。

「20歳代の最初のスタートは、零細アパート。結婚して子供が生まれれば広めの賃貸マンションに引っ越す。公的アパートに当たれば、借家暮らしのうちに貯金をする。30～40歳代で、それを頭金にして分譲マンションを買う。50～60歳代でそれを売り払って、最後は、郊外に庭付き一戸建を購入して上がり」という持ち家取得を目標にしたライフサイクルが描かれており、

図 1–1　上田篤・久谷政樹「現代住宅双六」
(出所)「朝日新聞」1973 年 1 月 3 日より

多くの者がこれを共有していました。

このシナリオでは、特に公共住宅は、持ち家取得までの準備期間の居住状況とみなされがちでした。例えば、地方公共団体の住宅施策として、40歳代程度での持ち家取得を目指して、公共賃貸住宅は、あくまで持ち家取得までの間の資金を貯めるための住宅供給として位置づけるケースも見られています。あたかも、住宅すごろくの上がりである持ち家取得が、人々の居住を豊かにする住宅政策の究極の目標であるかのように認識されています。

前述のように、１９７０年代半ばに石油ショックに見舞われ、経済は総需要抑制の時期に入っていました。70年代後半には、住宅による景気対策を意図して、公庫融資の財政投融資の追加措置が重ねられるなどして、公庫住宅の戸数は爆発的に増加しました。１９７０年代半ばまでの概ね年間15万戸程度であった個人向け公庫融資住宅戸数が、１９７０年代後半には年間60万戸を超える状況となっています。住宅金融公庫はその後、さらに新規住宅取得をしやすくするため、矢継ぎ早に、「ステップ償還制度」や「ゆとり償還制度」を創設しました。「ステップ償還制度」や「ゆとり償還制度」は、経年に応じて償還金利が上昇する仕組みで、新規住宅取得者には使い勝手が良い仕組みでしたが、他方で、経済成長の鈍化に伴ってローン破綻者の増加の引き金にもなり、こうした持ち家推進策に対する疑義が指摘されるようになってきました。

住宅金融が景気浮揚策に利用され、居住環境を確保する際に安定性を欠くこと、さらに、経済が低成長期に入り、資産格差が拡大する中で、「フィルトレーション効果」による下位階層への波及効果が薄れてきたといわれるようになりました。

このころから、「住宅すごろく」の破綻がいわれるようになりました。寿命が延びて、住宅取得後の長くなる一方の老後居住の新たな課題が浮上し、中年・熟年期の住宅取得の難しさが増すとともに、若・中年期の持ち家志向は徐々に減退し、リストラや脱サラなどでライフサイクルの不確定要素が増大する中で、従来の一律的な「住宅すごろく」を描くことが困難になっていったのです。

しかし、高齢期の社会保障に対する不安もあって、持ち家取得による住宅資産形成は依然として多くの人に求められています。その資産を活用して、老後の多様な生活や生活・介護サービスの確保につなげることが、老後の生活設計として一般的になってきました。このための住宅の「資産化」を進め、老後資金への活用は老後居住の重要な手段として持続し、持ち家主義は現在まで長く継続しているといえます。

3　行き詰まりの果ての住宅バブル

1960、70年代には、東京オリンピック（1964年開催）の影響に加えて、住宅金融公庫が個人向け融資等を通じた住宅取得促進策をとったことを契機として、一大マンションブームが興りました。これに引き続き、70年代後半には団塊世代を対象にしたマンションの大衆化が進み、マンションの着工戸数が徐々に増加しました。こうして民間のマンションは都市に住む勤労者にとっての住まいの選択肢として徐々に定着していったといえます。

１９８０年代前半、アメリカは、多額の貿易赤字と財政赤字を抱え、世界経済が不安定となっていたことから、85年に開催された先進国蔵相・中央銀行総裁会議（Ｇ５）では、ドル高是正の協調介入を行うことが合意されました（プラザ合意）。これにより、日本は、輸出産業が打撃を受けて円高不況となりますが、このことに対し、国は内需拡大策を実施し、金融緩和措置を続けました。これが、不動産関連投資を促進し、日本はバブル経済へと突入していきました。

しかし、プラザ合意以降も日米の貿易不均衡が是正されないことから、１９８９年には日米構造協議が実施されました。同協議では、アメリカ側から市場開放・非関税障壁撤廃の要求がなされた結果、種々の規制緩和が進められ、それがバブル経済をさらに後押ししました。バブル経済といわれるこの時期（１９８６〜91年）は、地価や住宅価格が高騰し、日本の経済は建設、購入、投資に突き進みました。また、不動産価格が上昇していく一方で、一刻も早く住宅を取得しようという消費者の行動が需要を喚起し、再びマンションブーム（第5次）を引き起こしました。

この間の住宅市場の動向をみると、バブル経済の影響を受けて、地価上昇と住宅価格が高騰すると共に、新設住宅着工戸数が年間１７０万戸を超えるなど、住宅供給事業は今までにない活況を呈しました。こうした状況の中、バブル景気は否応なく住宅供給の主役を公共から民間に交代させていきました。

大都市圏の都市内部では、1980年頃から、工場の集約化が進み、大規模工場が閉鎖され、商業施設の立地の郊外化も進展して、従来の工場地帯における大規模な土地利用の転換が進みました。特に、臨海部の工場地帯では大規模な遊休地が発生し、超高層マンション、大規模マンションへと転換が図られました。当時の都市再開発事業を進める上での大きな課題は、上昇を続ける地価の克服でした。そのためには、事業を共同化して、①土地の高度利用、②住宅と施設の複合化、③各種補助事業等の導入など、さまざまな手法を用いて地価負担力の向上を図る必要がありました。

大規模な土地利用の転換を進める代表的な事業に「特定住宅市街地総合整備促進事業（現・住宅市街地総合整備事業）」があります。これは、大規模な住宅開発と周辺地域の環境改善を一体的に進めるため、複数の事業者が連携して、道路や公園などの公共施設を整備し、良好な住宅と居住環境を改善するものです。その代表的事例が大川端《おおかわばた》リバーシティ21です（コラム1参照）。

バブル期の不動産の価格はスパイラル的に高騰し、地価の高い都心の戸建てや高級マンショを幅広く盛り土してその上を利用できる「スーパー堤防(緩傾斜堤防)」を整備するなど，安全で快適な市街地が整えられ，都心での居住を支えるように計画されています．また，住戸プランも都心居住者のライフスタイルなどの志向を読みとって，ホテル型の賃貸住宅管理システムや共用部にイングリッシュガーデンを設置するなど，的確な計画に配慮しています．

このように，立地に恵まれていたこともあって，さびれた工場地区が魅力的な住宅地としてみごとに再生されました．

ンの不動産価格は、億を超える価格にまでに上昇していきました。住宅価格を国民の平均年収の5倍以内にするという政府の目標に対し、当時の住宅価格は8～9倍までに上昇し、都心近郊でも戸建て住宅の購入は困難となっていきました。住宅立地は分譲・賃貸住宅共に郊外化が進み、結果として、住民に長い通勤時間を強いることにもなりました。一方、都心部や周辺部で細分化されていた土地は、地上げ屋と呼ばれる集団の強引な手口による「地上げ」によって整地され、新聞を賑わかせる社会問題にも発展しました。

この時期の公共住宅事業についてみると、住宅金融公庫・公営住宅・公団住宅は、戦後から30～40年間、公共住宅政策の三本柱として機能してき

〈コラム1〉

「都心居住」を実現する――大川端リバーシティ21

東京都中央区佃《つくだ》にある「大川端リバーシティ21」は，石川島播磨重工業（石播）の工場跡地を再開発した超高層住宅群です．石播の跡地は三井不動産と日本住宅公団に売却され，1982年「特定住宅市街地総合整備促進事業」によって骨格が決定されました．この地区は大規模な工場跡地において「都心居住」を実現させた代表的なものといえます．

地区は3ブロックに分けられ，分譲1,382戸，賃貸2,504戸，全体3,886戸で構成されています．西ブロック（3.15ha）は三井不動産，東ブロック（3.25ha）は東京都住宅局，東京都住宅供給公社，住宅・都市整備公団（現・UR都市機構），北ブロック（2.60ha）は三井不動産，住宅・都市整備公団が超高層住宅として供給しています．各ブロックには公共施設，商業施設，公園等が併設されており，隅田川沿いは市街地側

大川端リバーシティ21（ウォーターフロント開発）
（提供＝UR都市機構）

ましたが、それぞれの政策目的は、時代時代の経済対策に左右されてきた面もあります。既述のように、80年頃には、円高不況に対する内需拡大策がとられ、種々の民営化路線と規制緩和が進められていました。この時期、世界に目を転ずると、イギリスではサッチャー政権による「新自由主義」「民営化路線」の下で住宅改革（公営住宅の払い下げ等）が進み、アメリカでは規制撤廃と規制緩和による自由競争を進めるレーガノミクスが進められていました。こうした世界の潮流の中、日本の住宅政策においても、経済対策として公共住宅の民営化が進められる予兆があったといえます。

日本では、1980年代には中曽根内閣の下、第二次臨時行政調査会の提言を受け、国鉄の分割民営化、日本電信電話公社、日本専売公社の民営化が進められました。日本住宅公団も1981年に住宅・都市整備公団に改組され、「住宅・宅地の適格な供給と都市整備を総合的かつ一体的に実施する機関」と位置づけられました。また、特殊法人などの事業規模の抑制、縮小や事業領域の限定などが審議され、住宅・都市整備公団については民間能力の活用や事業区域の限定、分譲住宅供給の限定などが方向づけられました。今日に至る民営化の流れの発端となる出来事であったといえます。

しかし、その後は、バブル景気に押されて、公共住宅事業さえも旺盛な住宅需要に対応する事業者の一翼を担うことも多くなり、さらに、その後の公共投資の拡大要請を受けて、住宅・都市整備公団は、むしろ地域を整備する面的整備事業の担い手として事業を拡大してきました。地方住宅供給公社の多くも、旺盛な住宅需要に応えるため、公共住宅・施設用地等の整備事業者として事業を拡大してきています。これらの方向づけが、その後、公共事業者の事業の採算が悪化の一途をたどっていく一因となっているようです。

4　転換と混乱の平成の30年

１９８９年に、昭和から平成への改元が行われましたが、平成の初めは、既にみたように、バブルの真っただ中にありました。世界に目を向けると、天安門事件、ベルリンの壁崩壊、米ソ冷戦の終結宣言と、歴史的大転換が相次いで起きていました。日本は、80年代から新自由主義が台頭して、小さな政府、グローバル化、規制緩和などの政策を推進してきました。今からその後の平成期を振り返ると、これらの政策を反映し、世界の歴史的大転換と呼応する形で、世界中でヒト、モノ、カネが行き来するグローバリズムが大きく進んだことが分かります。

しかし、バブル経済は、１９９１年には崩壊しました。不動産価格が消費者の購買力を上回るとともに、供給が需要を上回り、資産価値が下落しました。投資サイドは損失を避けるために、資産を一斉に売却する方向に走り、消費者も買い控えに回ったため、需要が急激に減少するスパイラル展開となり、いわゆるバブルがはじけた格好となったのです。バブル崩壊後には、地上げ途中の一帯に虫食い状に空き地などの低未利用地が残されました。

その後、景気回復に向けた経済政策として、低金利、規制緩和、民間活用など、今に至るデフレ対策が一貫して続けられています。こうした状況の中、公共住宅事業者は新たな役割や新たな事業を模索していますが、バブル後の1990年代以降は、経営的に行き詰まった公共住宅事業の民間活用や民営化に向けた政策転換の要請が顕著になってきました。

改めて、平成初期の住宅事情をみると、この時期は、団塊世代(1947~49年生まれ)の住宅(持ち家)取得時期と重なり、こうした住宅需要の拡大に後押しされ、バブル景気状況と共に住宅市場は活況を呈していました。しかし、このことは、住宅政策からみれば、居住の質や性能の向上に向けた効果的な規制政策や誘導政策を展開できない状況となることを意味し、いわば「住宅政策の空白期」を迎えた時期ともいえます。その後、経済全般をみると、バブル崩壊と共に長期不況に突入しましたが、住宅業界についてみると、1990年代半ばには再び住宅需要が旺盛な時期に入っています。この時期は、団塊ジュニア世代(1971~74年生まれ)にとっては、新しく世帯を築いていくための住宅取得時期にあたり、団塊世代にとっても、熟年期を迎え、持ち家の取得・買い替え時期となっていたことがその要因となっています。

新築住宅着工戸数をみると、バブル期の１９８０年代後半から年間１６０〜１７０万戸程度で推移し、その後、バブル崩壊後も90年代半ば頃まで年間１５０万戸前後を維持しており、前述した団塊ジュニア世代等の需要状況を反映して、着工戸数は比較的安定的な状況が続きました。こうした団塊、団塊ジュニアという人口構成上のボリュームゾーンが、それぞれ壮年・熟年時期や世帯形成を迎える時期と重なったことが民間デベロッパーによるマンション供給、宅地開発の急増を底支えすることになりました。都心部では、大規模な土地の住宅団地などへの利用転換で、超高層住宅が林立しはじめます。

バブル経済の崩壊後、日銀は公定歩合を下げ続け、１９９５年には０・５％と過去最低水準となりましたが、この年、住宅金融専門会社七社（いわゆる「住専」）が不良債権を抱えて経営破綻し、その後、金融機関や大手証券会社の破綻などが相次いで、金融市場の混乱が続きました。１９９５年は阪神・淡路大震災や地下鉄サリン事件、２００１年にはアメリカでの同時多発テロなどの災害・事件も続き、社会不安が広がりつつありました。97年には消費税率は５％に引き上げられたことも相まって、この時期、失業率は徐々に増加し、２００３年には完全失業率は5％を超えました。

2000年以降は、団塊ジュニア世代の住宅取得も一段落し、負の需要の時代に入りますが、この時期以降は2000年半ば頃まで、新築住宅着工戸数が、120万戸前後が続きました。団塊ジュニア世代の一つの特徴は、次世代のベビーブームを作らなかったことにあります。厳しい社会経済状況の中、晩婚化などの影響もあって、この時期の出生人口は数年にわたり平準化されて、横ばい状況となっています。

合計特殊出生率は、戦後直後には4・00を超えていましたが、その後急速に低下し、1960年以降は2・00前後で推移しています。その後、89年に合計特殊出生率が1・57を切って、1966年の丙午年を下回る状況（1・57ショック）となりました。90年以降は低下傾向がさらに顕著となり、2005年には過去最低である1・26まで落ち込みました。一方、生産年齢人口（15歳以上65歳未満）は年少人口の減少と老年人口の増加とが相殺されて、90年頃までは約7割の水準を維持してきましたが、平成期に入ると年少人口の減少を上回る老年人口の増加が進み、95年以降はいよいよ生産年齢人口比率も低下し始めます。合計特殊出生率が最低値を示す2000年代中頃からようやく少子化対策が重要政策課題として、取り上げられるようになってきました。2010年頃には生産年齢人口は約6割となり、その低下傾向が加速されています。

こうした中、住宅政策をみると、1995年頃以降はバブル崩壊後の低成長経済に対応するため大きな転換を余儀なくされました。その後、バブル経済とバブル崩壊に翻弄されていた状況を徐々に脱し、2000年頃までの模索時期を経て、小泉政権による「小さな政府」を目指した社会や政策の大きな転換の機運が生まれました。この時期を境に、住宅政策はドラスティックに転換しはじめ、市場重視と地方主体性の確立に大きく舵を切ってきました。

2000年以降の住宅政策は、現在に連なる、市場重視やストック重視等に視点を当てた新しい制度や事業を矢継ぎ早に創設してきました。これらの住宅政策の転換の集大成とされるのが、06年に制定された「住生活基本法」であり、これに基づいて策定された「住生活基本計画」です。

「住生活基本法」は、住宅政策の抜本的改革に向けての様々な議論の末に成立し、今後の安定・低成長経済下での住宅政策の枠組みを示すものとなりました。

また、「住生活基本計画(全国計画)」の「はじめに」に「国民が真に豊かさを実感できる社会を実現するためには、住宅単体のみならず居住環境を含む住生活全般の「質」の向上を図る」とあります。同計画はさらに、基本的な方針において、「本格的な少子高齢社会、人口・世帯減少社会の到来を目前に控えた我が国において、住生活の安定の確保及び向上の促進に関する施策は、国民一人一人が真に豊かさを実感でき、世界に誇れる魅力ある住生活を実現するために推進されなければならない」としています。こうしたことから読み取れる住宅政策の転換の肝は、住宅政策の対象はハコものの住宅だけでなく、そこで展開する住生活の豊かさの実現であり、そのことはそこで展開される様々な居住サービスや居住意識の豊かさを目指し、そこで暮らす地域やまちのあり方にまで敷衍《ふえん》することである、ということです。また、住宅政策には、まちづくり政策や都市・地域政策、福祉政策や雇用政策等との一体的展開が期待されるものの、これらの対応の方向は、政策手法として、徐々に「小さな政府」論を基調とした市場政策へとパラダイムシフトしていくことをも示していました。

人口減少時代の社会像が明示的に語られるようになったのは2010年代に入ってからです。10年以降は、総人口が減少局面に入るとともに、経済的豊かさの実現に向けてきた従来の価値意識が、生活の豊かさを求める価値観へと変わりつつあるように見うけられます。こうした社会的価値意識の変化によって、社会やまちの中で展開される種々の活動や事業が縮小傾向となっています。このため、急速に進む少子・高齢化や余剰となる様々な資産の老朽化とその対応がますます大きな社会的課題となってきました。

アメリカのサブプライムローン問題に端を発する２００７年の金融不況は、リーマン・ブラザースの破綻へと至り、世界的な金融不況へと発展しました。日本への影響も深刻で、02年をピークに下降傾向であった完全失業率も、08年には再び上昇に転じました。リーマンショック後には、これまでの社会経済を席巻していたグローバリズムの弊害が無視できなくなりました。さらに、２０１１年3月の東日本大震災後に時代の空気が大きく変わったように見えます。

住宅領域においては、先立って進められていた市場化やストック政策への転換が、既述の「住生活基本計画」に明確に位置づけられました。こうした状況の後押しを受け、必ずしも十分な準備や枠組みを共有できないまま、ストック型社会に向けた対応が否応なく進むことになってきました。

現在、ハウジング（以下、序章で述べたように「住宅整備にかかわる主要な活動」を総称して使います）は、団地再生や空き家再生、リノベーションや中古流通、および老朽化したインフラ改修や長寿命化対応にシフトしてきています。その担い手は、官民連携や民間活用が推進される中、やみくもに民間事業者への依存を強めています。その一方で、２０００年以降進められてきた、行き過ぎた新自由主義的社会経済状況に対し、多くのひずみが浮き彫りになっています。市場重視の政策による居住格差の拡大は、若年層を主とする新たな「居住の貧困」を生み、高齢貧困層の増大とともに住宅セーフティネットの重要性を高めています。

今、こうした社会状況に照らした新たな社会像の構築が議論され始めています。ストック型社会のハウジングは、再生やリノベーションを基本とするのならば、それには①地域の課題対応、②地域の活動、③地域のイニシャチブ、④地域の担い手の役割、が不可欠です。このことは、すなわち、社会経済活動における小さな循環の系を構築する新しい地域社会像を創造することに他なりません。これらは、人口減少により縮小する都市や「まち」の姿を描き、人口減少時代のまちづくりや都市政策、自治体運営における財政制約や行政サービスの効率化を求める「コンパクトシティ化」と同根の理念的方向の取り組みといえます。

こうした背景の下、ハウジング領域においても、新しい地域社会像の創造に向けたビジネスのあり方が志向されなければならないと思います。

第2章

「官」から「民」へ

——市場重視政策

1　市場化が推進された1990年代

これまで見たように、戦後の住宅政策は「公」を主体とする展開として捉えられますが、1970年代後半以降は、住宅需要が多様化するのに伴って、民間住宅事業の役割が徐々に大きくなってきました。

1991年度からの第六期住宅建設五箇年計画では、「良質な住宅ストック及び良好な住環境の形成、大都市地域における住宅問題の解決、高齢化社会への対応、地域活性化等に資する良好な居住環境の形成」が目標とされました。

この時期は、経済のグローバル化が進行し、こうした目標と共に、市場開放や非関税障壁の撤廃など、国際化の流れに対応するための規制緩和と民間活用が進められました。一方で、海外からは、日本の住宅価格が高いとの指摘を受け、建設コストを下げる取り組みが建設省の下で進められました。建築規制体制も見直しされ、仕様規定（材料や工法、寸法を具体的に規定すること）から性能規定（要求される「性能」を規定すること）への転換や、輸入住宅や海外資材の導入、生産の合理化などの技術開発が進められ、これらの取り組みに伴う「民」の技術力や競争力による建設コストの縮減が期待されました。

公共事業においても「公共工事コスト縮減対策に関する行動計画」が策定され、①公共事業単価の市場化、②事業のスピードアップ、③計画・設計から管理までの各段階における最適化、④調達の最適化、などの民間の手法や工夫を生かすべく構造改革が始まりました。この時期、「民」の活用の底流にある本音は「コスト縮減」であったと言えます。この意識が、現在に至る公共事業の民間活用の理念に引き継がれており、このことが、現在のＰＦＩ・ＰＰＰ事業（Private Finance Initiative・Public Private Partnership、いわゆる官民連携事業）における民間活用事業への期待に見るいびつな展開と様々な課題の根源にあるように見えます。

政策転換の契機となったのは、１９９５年の住宅宅地審議会の答申です。ここで、規制緩和による市場化を促すべく住宅政策の体系として、「住宅市場が円滑かつ適正に機能する条件整備」、「市場を活用した政策目的の達成」、「市場を補完する公共住宅供給」の三つが位置づけられました。これを引き継いで、公共住宅は、住宅セーフティネットの役割を果たすものとして位置づけられるようになり、その後、この住宅セーフティネットの概念は、住宅政策の市場化を進める中で、公共住宅を再編する際の枠組みとして語られるようになりました。

この時期、住宅供給を取り巻く学界や政策実務において、二つの異なる方向性をめぐって精力的に議論されていました。その一つは、経済学をベースとする「小さな政府」論を基調とする民間事業活用論や公共投資縮小論で、もう一つは住宅問題をベースとする居住権(憲法第25条との関係)や「居住福祉」論を基調とする公共政策必要論でしたが、これらの議論は徐々に前者の公共投資縮小論に舵を切っていきました。

一連の住宅政策の抜本的制度改革は1993年の中堅所得者向け公共賃貸住宅として推進された「特定優良賃貸住宅(特優賃)制度」の制定に端を発しました。これに先立って制度化された東京都の「優良民間賃貸住宅(優良民賃・都民住宅)制度」は、バブル期の地価高騰に対抗するために、地価を家賃に反映させない工夫を持った制度として創設された制度です。その後優良民賃は、都民住宅として建設費の補助等によって中堅所得層に優良な住宅を供給する一定の役割を果たしてきました。国の特優賃制度はこれを参考にしてつくられたものです。

従来の公共住宅は、行政や地方住宅供給公社など、公的セクターが供給主体とされており、その供給量には限界がありました。これに対し、特優賃制度は、賃貸住宅ストックの質的向上を目的にした制度として、民間事業者が土地所有者を探して事業化することが可能になったため、中堅所得層向けの賃貸住宅供給として大きな期待をもって進められました。入居者に対しては家賃の補助、建設した民間事業者に対しては建設費の補助がなされ、比較的低い所得でも入居できるケースが生まれ、民間事業が担う社会的住宅として一時的に供給量が増加したのです。

しかし、その後の経済不況の中、民間賃貸住宅の空き室率は上昇し、特優賃は家賃補助が徐々に逓減される制度であったため、賃貸住宅事業の経営が悪化するものも多く、また、制度自体が優良性を求めて、現実の民間賃貸住宅の家賃と乖離したり、時代の変化に対応できずに硬直化していったとの指摘もあり、この制度は政策の失敗といわれる結果となりました。その後、特優賃制度は制度改正をして、入居資格を緩和するとともに、高齢者向け優良賃貸住宅と合わせて、「地域優良賃貸住宅制度」に改編されました。

１９９６年には公営住宅法の一部改正が行われました。改正のポイントは、①従来の一種・二種の収入階層ごとの種別供給の廃止による実質的な収入基準の切り下げ、②立地や規模等による応能応益方式による家賃制度の導入、③民間賃貸住宅等の買取り・借上げ方式の公営住宅供給の導入、などでした。すなわち、公営住宅の入居対象者を住宅困窮者にして、より限定された施策にすることと、公営住宅に市場原理を導入することと理解することができます。特に、買取り・借上げ方式の導入は、その後の災害対応や官民連携事業の手法に大きな道筋をつけることとなりました。

日本住宅公団については住宅・都市整備公団を経て、１９９９年に都市基盤整備公団に改編し、この時期に分譲住宅供給事業からは撤退しました。２００４年には都市基盤整備公団も廃止され、独立行政法人都市再生機構（ＵＲ都市機構）へと組織形態を転換しました。このことは、長年、住宅政策の柱であった住宅公団の住宅政策における役割の終焉を意味しています。

住宅金融公庫についても、２００７年に廃止し、独立行政法人住宅金融支援機構へ再編するなど、この時期に戦後の住宅政策の中核を担ってきた公営・公団・公庫の三本柱の制度改革が進みました。

第１章でみたように、１９９０年代半ば以降は、高度成長後期から低成長期、バブル期と経済・社会状況が大きく揺れ動いた時期でもあり、社会経済の要請を踏まえて種々の住宅政策が模索されています。２０００年頃までのこうした模索時期を経て、00年以降は、小泉政権による市場の構造改革と共に、住宅政策もドラスティックな転換が進められ、市場重視に向けて大きく舵を切ってきました。

特優賃制度に引き続き、１９９８年に高齢者向け優良賃貸住宅制度が創設されました。それ以外にも住宅政策は、民間活力による再生事業、およびストック活用・再生事業、住宅の市場化に向けた「住宅の品質確保の促進等に関する法律(品確法)」(1999年)や住宅市場整備行動計画(2001年)など、政策転換に向けた諸事業や諸制度を精力的に展開しました。

住宅市場については、品確法を皮切りに市場基盤の構築や制度的枠組みの整備が進められました。品確法の目的は、①住宅の性能に関する表示基準・評価制度を設けて、②住宅紛争を処理する体制を整備し、③新築住宅の請負契約や売買契約における瑕疵《かし》担保責任についての特例を設けることで、住宅の品質の確保を促進し、住宅購入者の利益を保護して、住宅紛争の迅速・適正な解決を図ることです。この品確法に基づいて、00年度に、住宅性能表示制度が創設されました。これにより消費者が住宅性能を相互比較できるように、①住宅の性能表示の共通ルール、②客観的な評価を行う評価機関と紛争処理体制が整備されました。

これらの方向転換は、市場化を推し進める住宅政策や住宅市場にとって不可欠なものであったことは確かですが、実態としての市場体制や市場評価システムにおいて必ずしも十分に対応しているとは言えず、その不十分さがいくらかの誤謬に繋がっているように見えます。特に、こうした事業の背景認識となる住宅市場における消費者の価値意識や居住者ニーズとのズレ、事業のバックアップとなる住宅金融・融資における評価や住宅流通における適正情報システムなどの環境整備が遅れているといった課題も依然として多くみられます。

市場重視の政策の原則は、住宅の市場化、すなわち、民間による住宅供給の市場条件を整備しつつ、適正な住宅市場を育成することで、こうした政策の転換を進めることが極めて重要です。一方、先述のとおり、公共住宅事業の役割は、市場において自力では適切な水準の住宅・宅地サービスを確保できない者に対するセーフティネットとして位置づけられました。しかし、現実には公共住宅事業や公共政策の縮小だけが着実に進み、急速な展開ゆえの様々なひずみや課題が現出し、民間住宅事業における市場環境は、制度・ルール・評価・業界等において十分な整備・育成が進まず、10～20年後へ種々のツケを回すことになっているようにみえます。

2005年には、国土交通省社会資本整備審議会の答申、「新たな住宅政策に対応した制度的枠組みについて」がまとめられ、今後の住宅政策や住宅の市場化と公共住宅の新しい枠組みが示されました。ここでは、「市場重視型システムへの移行」や「民間活力の導入」などが謳われています。同年には「地域における多様な需要に応じた公的賃貸住宅等の整備等に関する特別措置法」も制定されて、従来の公共住宅事業における国の上意下達による補助制度は、「地域住宅計画」による民間事業を含む地方の創意と工夫に基づく事業に対する「地域住宅交付金制度」に改定されています。

2 画期となるはずだった住生活基本計画

２００５年の社会資本整備審議会の答申を踏まえて、06年には、これまでの住宅政策転換の集大成に当たる「住生活基本法」が制定され、これに基づいて、今後の住宅政策の枠組みを示すべく「住生活基本計画」が策定されました。

「住生活基本法」は、これからの安定・低成長経済下、住宅政策のパラダイムシフトとして、次のポイントを理解することが肝要です。

①政策対象が「住宅」から「住生活」に拡大したこと
「豊かな住生活の実現」を目標に、住宅や福祉など居住をめぐる幅広い政策対象を視野に政策体系を構築すること。

②「計画法」から、あり方を示す「基本法」になったこと
目標を実現するために基本姿勢を示し、国・地方行政だけでなく事業者、国民の責務をも明示しつつ、各者が連携して取り組むこと。

③政策手段が「市場重視」となったこと

様々な担い手が共有する目標に向けて努力すべく、主に「市場の活動」を手段として政策展開すること。

「住生活基本計画」は、法の基本理念にのっとり、人々の住生活を安定向上させる施策を総合的かつ計画的に推進していくための計画で、全国計画と都道府県計画とが法定計画として位置づけられています。計画は中長期的ビジョンを示すべく10年間を計画期間としており、「ストック重視」「市場重視」「関連分野との連携」「地域性への対応」の四つを横断的視点として取り上げています。

これらの視点を、法の求める主旨に照らしてみると、「計画」として考えるべきいくらかの具体的なポイントが浮かび上がります。

①計画における政策対象は、住生活全般の「質」向上に向けて、住宅施策だけでなく、福祉・地域コミュニティの幅広い居住関連施策の展開を対象とすること。

②基本的施策の実践、実行プログラムが重要で、特に、民間事業者、地域の事業組織、NPO、住民等の事業推進のための共有プログラムとして計画すること。

③「豊かな住生活」は、国民自らの努力による自己選択、自己責任によって実現する。これを支える市場環境整備と事業者の自律的取り組みが基本となり、その計画的取り組みのプロ

グラムとなること。

④住宅における格差是正の基本は、条件に応じた様々な公正な選択性を確保することで、適正に住宅が選択できる市場の環境を整えることが主たる取り組みとなること。

その上で、市場で対応できない者に対するセーフティネットの確立が必要となる。

⑤これらを効率的に展開するため、住宅困窮に対応したセーフティネットとしての公共事業とともに、民間事業においても安心して住宅選択ができるよう重層的体系のセーフティネットを構築すること。

こうして各地で進められている各公共団体の「住生活基本計画」に対する具体的な捉え方や取り組み方向についてみると、そこにはいくらかの課題も散見されます。

豊かな住生活の実現には居住者・事業者・行政の連携・協働した取り組みとその体制が重要であることは言うまでもありません。成果指標は、居住者・事業者・行政が共通して認識できる分かりやすく数値化された目標で、各関係主体がこれを共有していくことが意図されています。さらに、これらの取り組みを円滑にするために行政部局間の連携をはかり、種々の居住政策の担い手と協働していくことが重要で、「住生活基本計画」はその行動指針として認識したいものです。

ここで語る住宅政策の基本とは、自らの努力と自己責任の下、条件に応じた公正な選択性を確保することです。行政にとって、様々な市場環境の整備を基本とする対応には、従来の消費者支援を事業者支援へと拡充し、事業者に対するビジネス環境を整備していくことも一層重要で、そのためには業界団体との緊密な連携と協力が不可欠です。このためには住宅政策の担い手となる民間事業者の育成に向けて、事業者の事業意欲と政策意識に訴えることも重要です。一方で、住宅市場においては、新築・既存、住宅を借りる場合と買う場合の優遇のされ方などの不条理な格差や、売る側と買う側の情報の格差の是正も重要です。特に、ファミリー・子育て世帯や高齢者、障害者などの社会弱者が疎外される不条理な格差に対する市場の意識改革や、これらの解消を意図した社会貢献的事業を市場的に成立させるための支援が不可欠です。これらの支援によって、業界や民間事業による種々の格差是正が自律的に進むことが期待されます。

しかし、依然として、住生活基本法の理念や計画の方向が必ずしも十分に浸透しているとはいえない状況です。計画の最も重要な視点となっている市場政策への転換状況をみると、各都道府県の計画の方針には項目や文言として必ず触れられているものの、政策や施策の取り組み、およびその展開の内容については必ずしも具体的にはなっていません。地方行政にとっては、住宅施策において、市場を活用して展開することの経験が乏しく、市場政策を進める体制やツールが不足している状況が歴然としてあり、その根底に、地方においては住宅市場自体が未整備である状況もあるようです。このため市場における政策の担い手も見られないのが実態です。市場政策への転換は、まず市場において適正なビジネス環境を整えることから取り組み、議論や調整に時間をかけて、事業者団体等との協力体制を構築していく必要があります。

人口減少社会や超高齢社会が現実に認識されてきた現在、この10年以上の住宅政策の転換の遅れは、その後発災した東日本大震災への対応の不十分さに代表されるだけでなく、近年の貧困問題や空き家対応、郊外住宅地対応、地方再生の遅れなど、今日的課題の根源的要因とも言えます。

こうしたなか、２００8年のリーマンショックに端を発する世界規模の金融・経済危機のあおりを受けて、住宅の市場政策の枠組みは大きく揺り動かされました。この折の需要低迷、特に、持ち家需要の減少は大きく、持ち家市場の事業環境は厳しい状況が続きました。これらの状況に対して経済危機対策として過去最大の住宅ローン減税が実現するなど、従来の持ち家政策と同様に住宅市場は景気浮揚策として位置づけられ、多くの対応がとられました。

住宅政策における市場政策の重要な側面は、市場が健全に機能する環境を整備することとともに市場を適正に誘導することが重要です。こうした視点に立てば、市場政策の対象は住宅市場のプレイヤー全体として考える必要があります。住宅政策の対象は、第一義的には生活者としての居住者が中核にはなるものの、賃貸住宅の供給者、仲介事業者、持ち家等の購入者、供給事業者、流通事業者、金融等の支援者、行政など、それぞれがそれぞれの立場で役割を健全に果たすことではじめて市場が適正に機能します。にもかかわらず、救貧対策から発した住宅政策の枠組みが、市場重視を標榜しながらも依然として施策の対象を十分に広げきれていない面が垣間見えます。特に、持ち家政策についてみると品質確保に関する消費者保護の仕組みは進展してきたものの、住宅供給者の事業の破綻が購入者の被害につながるなどの、持ち家取得における種々のリスクを顕在化させる結果に至っています。

今や、市場重視の住宅政策の流れは不可避です。こうした市場政策の対象が広がることの意味は、市場という土俵の上では、さまざまなプレイヤーの状況や動向が互いに関連をもって機能していることを認識することでもあり、これを確実に展開することによって、種々の課題に対応していくことがこれからの住宅政策の基本です。

3　東日本大震災での住宅復興の取り組みの誤謬

２０１１年3月11日、大地震が東日本を襲いました。東日本大震災では太平洋沿岸部を中心に膨大な範囲の被害が発生し、建物被害は全壊約13万戸、半壊約26万戸（２０１２年7月公表資料）の甚大な規模に及びました。この震災の被害は津波による激甚災害であることや地形・立地条件ゆえの用地の不足、過疎的地域の社会経済状況の制約などがその大きな特徴となっています。しかし、住宅復興の場面においては、近年の住宅政策の取り組み姿勢や行政体制の不十分さに起因する多くの課題を内在させていることも認識しなければならないと思います。見てきたように、住宅政策は２０００年代以降、市場重視と地方主体性の確立へと大きく舵を切ってきましたが、東日本大震災の住宅復興においては、これらの方向転換の不十分さや政策環境・状況認識のずれが、いくらかの誤謬に繋がっているように見えます。

住宅政策の市場重視は世界の潮流でもあり、避けられない状況ですが、まだ現実は、市場の種々のチェック機能やコントロール、モラルハザードの問題や、市場のセーフティネットの整備も十分とは言えず、まだ整備途上の状況で、こうした状況の下に発生した震災においても、住宅復興政策は原則的には市場重視の方向が踏襲されています。

まず、被災者のための応急的な住まいを確保するために、災害救助法に基づいて、応急仮設住宅が約5万3000戸、借上げ仮設住宅が約6万8000戸提供されました。東日本大震災後の応急的な住まいの対応における大きな特徴は、膨大な戸数が求められたために、民間住宅を活用した借上げ仮設住宅を大量に提供したことと、スピーディーな対応や地域産業の活用を意図した様々な手法による応急仮設住宅を供給していることです。このことは市場重視の方向に合致していますが、こうした種々の取り組みは、災害救助法の主旨や規定との齟齬を含む多くの限界や制約を浮き彫りにしており、地域の復元力の元となる建築生産システムや、その後に引き続く住宅復興に向けて、いくらかのツケを残していくなど多くの課題を明らかにしているのが実態です。

さかのぼれば、1995年に発災した阪神・淡路大震災においても、従来の供給量を大きく超える5万戸の仮設住宅が求められました。この対応を教訓に、都道府県とプレハブ建築協会(以下プレ協)との間で「災害協定」が締結され、協会内の規格建築部会会員によって、災害時には早急に1万戸を一括供給される体制が築かれていました。しかし、東日本大震災では仮設住宅の必要戸数がさらに膨大となり、かつ当初の見込みから大きく膨らんでいったことなどか

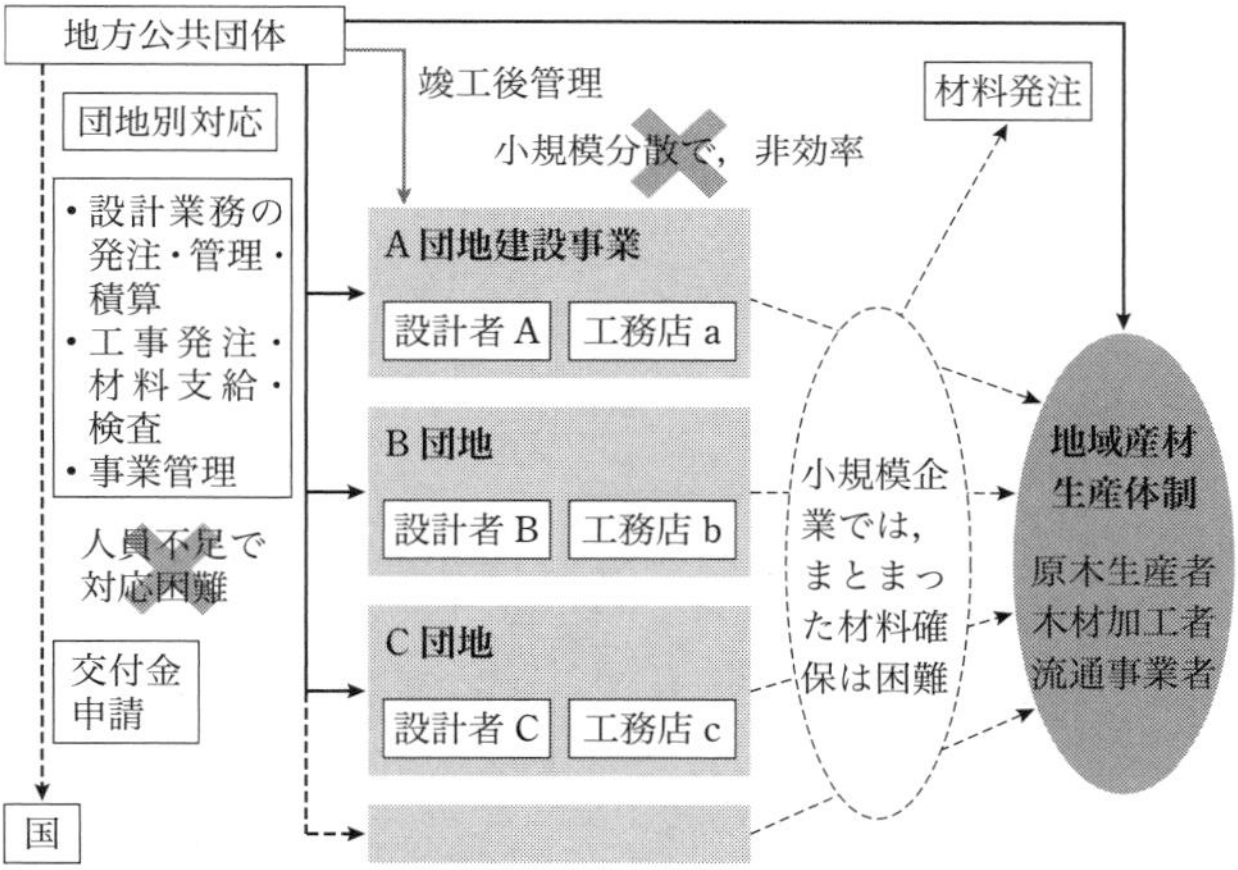

図 2-1　「小規模な災害公営住宅事業」を進める上での課題
（出所）筆者作成

ら、プレ協の規格建築部会の供給能力を超える戸数分に対しては、プレ協の住宅部会（ハウスメーカー）や住宅生産団体連合会などに応急仮設住宅供給を追加して協力要請しました。また、地域業者を活用するため県内の地元事業者などを公募して、地域産材を活用した木造の応急仮設住宅の供給も進められました。こうした地元事業者による応急仮設住宅の供給は約９３００戸となりました。このような多様な応急仮設住宅を供給する中で、そのプロセスに時間を要したことや住まいの基準やコストなどの承認、手続きなどについて多くの課題を内在したまま供給が進められ、地域の建築生産システムを担う地元業者が混乱に巻き込まれた状況もあったようです。

本格的な住宅復興についても依然として制度的齟齬が課題となっています。当時の復興住宅の市場状況をみると、需要の飽和から供給不全、資材の高騰、労務費の上昇を生み、地域ごとの資材の調達不全、職人不足など地域の生産・流通体制の不十分さが露呈していました。その一因は過度の市場依存・地域依存による住宅復興へのこだわりにあるともいえます。阪神・淡路大震災での住宅復興は国とUR都市機構が強いリーダーシップを発揮し、約2~3年で復興のめどが立ちました。しかし、時代状況が大きく変容し、住宅政策においても市場化が推進されている中、発災した東日本大震災での住宅復興時は、この十数年の市場重視の理念の下に各県住宅供給公社は既に解散や縮小状況にあり、UR都市機構等による公共の活動は当初から抑制されていたように見えます。

震災復興という社会的活動において市場が適切に対応していくことが可能かどうかが問われてきたわけですが、現実は、市場環境の未整備や市場政策の不十分さから、こうした活動の担い手やリーダーシップの不足によって市場活動が十分に機能していないように見えます。過度の市場依存や地域主義が住宅復興の遅れの一因になっているのだとすれば、当面の住宅市場への支援体制や市場健全化に向けた工夫による復興への支援が鍵となるわけですが、これを教訓とした住宅復興への取り組み方の再考も必要です。今後、予想される多くの災害への対応に向けて、非常時における市場活動のあり方と共に、非常時の公共主体の役割について、改めて検討することも重要です。住宅政策の市場化の推進に伴う課題として、併せて考えていきたい視点です。

また、求められた大量供給・広域供給や供給の迅速性と結果としての応急仮設住宅対応の長期化状況をみると、応急仮設住宅対応とその後の住宅復興については、流通・生産システムやその担い手が同一の者・業界であることを再認識する必要があります。早期に実現することを求めた応急仮設住宅は、多様な構法や事業者の活用を進めつつ需要に対応していきました。災害公営住宅についても、住宅復興の早期着手と、既存住宅の買取り方式、ＰＣ構法や鉄鋼造の住宅など多様な工法が採用されました。このことは、応急仮設住宅から恒久的住まいとしての住宅復興への連続的な流れを視野に入れた対応が求められることに繋がり、そのことによって同一の業界の取り組みとして多くの可能性が広がっているように見えます。東日本大震災の対応では、長期使用(基礎工法や仕様・居住性能面で)を意図した応急仮設住宅や、恒久住宅への改修を意図した応急仮設住宅の試行的取り組みが見られ始めました。２０１６年4月に発生した熊本地震での対応においては、こうした取り組みや、応急仮設住宅と災害公営住宅を同一の敷地で供給することで移転を促進するような取り組みが、現実の工夫として採用されています。

その後も、多くの自治体で主要課題として取り組まれ、一定の効果を上げているようです。

4 新しい形の官民連携事業――PPPからPPPPへ

1999年に、公共事業への民間活用を進めるべく「民間資金等の活用による公共施設等の整備等の促進に関する法律（PFI法）」が制定されました。しかし、その対象はインフラ（道路、空港等）、庁舎、病院等に限定されていました。住宅については、1996年の公営住宅法の改正において、新たに買取り公営制度、借上げ公営制度が創設され、また、2003年の地方自治法の一部改正により、公営住宅の指定管理者制度による民間活力の導入が進められてきました。公営住宅は法によりその事業運営は公共事業者に限定されていることから、こうした取り組みはPFI事業に準ずるものとして、「PFI的事業」として取り組まれていました。

この時期、1960〜70年代に供給された公共住宅団地の再生が大きな課題となっていました。大規模団地については、所得や年齢の混在するコミュニティミックスや様々な事業主体や事業方式の混在する事業ミックスによって、団地の種々の課題に切り込んでいくことができ、こうした視点から民間事業者の活用に向けての取り組みが進められました。

２００1年より進められた南青山一丁目都営住宅の建て替えは、「ＰＦＩ的手法」を導入した先進的事例です。元の都営住宅用地に民間事業者が複合施設として整備した後、公共施設部分については東京都と港区が買取るスキームです（コラム2参照）。

この事例を皮切りにして広島県、大阪府などで、公営住宅団地の建て替えにおけるＰＦＩ的事業への取り組みが始まりました。大規模な公共住宅団地の多くは都市郊外に形成されており、長い時を経て都市構造が変化するのに伴い、今後は人口減少や高齢化などの様々な状況への対応が必要となることが見込まれます。ＰＦＩ的事業はその再生の一つの方式として徐々に普及していきました。この時期は公営住宅の買取り方式、いわばＢＴ方式（Build Transfer）によるものがほとんどで、一部指定管理者制度を付加しているものでした。

２０００年代以降の公営住宅は、公共事業コストの低減が求められる潮流の中、公共住宅整備や建替え事業、改修事業等への投資も縮減されていく傾向にありました。こうした状況に対し、民間資金の活用はコスト低減化のために一定のメリットを持っていたのも事実です。しかし、公営住宅の補助制度が、２００5年には「地域住宅交付金」に、さらに10年には「社会資本整備総合交付金」に一括統合されています。このことによって、公営住宅整備の補助率が政策優先度によって査定されることも多くなっていき、他の社会資本整備に比べて、公営住宅の

利用し，選定事業者は都営住宅，図書館等を整備し，都及び区に床を譲渡するとともに，残りの床で賃貸住宅や商業施設等を運営しています．

この事例は，都営住宅の建て替えにとどまらず，民間収益事業を誘導し，まちのにぎわいを創出することに成功しています．

南青山一丁目団地建替プロジェクト（パークアクシス青山一丁目タワー）．（左）2004年開発当初の施設概要図，（上）外観パース（提供＝三井不動産）

（注）国際医療福祉大学大学院は，現況，クリニックになっている

〈コラム2〉
まちのにぎわいを創出する――南青山一丁目都営住宅

東京都港区の「南青山一丁目団地建替プロジェクト」では，都営住宅の建て替えを機に，多様な都市機能を整備しています．東京都として初めて民間事業者に敷地を賃貸し，都有地の再生で初めて民間の活力を導入するPFI的手法による事業のモデルケースとなりました．2002年にコンペにより，三井不動産を幹事とするグループ(大成建設，伊藤忠商事)が選定され，南青山アパートメント株式会社が事業主体となり，2棟の建物が04年に着工され，07年に竣工しました．都営住宅の用地を選定事業者が70年の定期借地契約で6,784平方メートルの敷地を借り受け，余剰容積を高度に

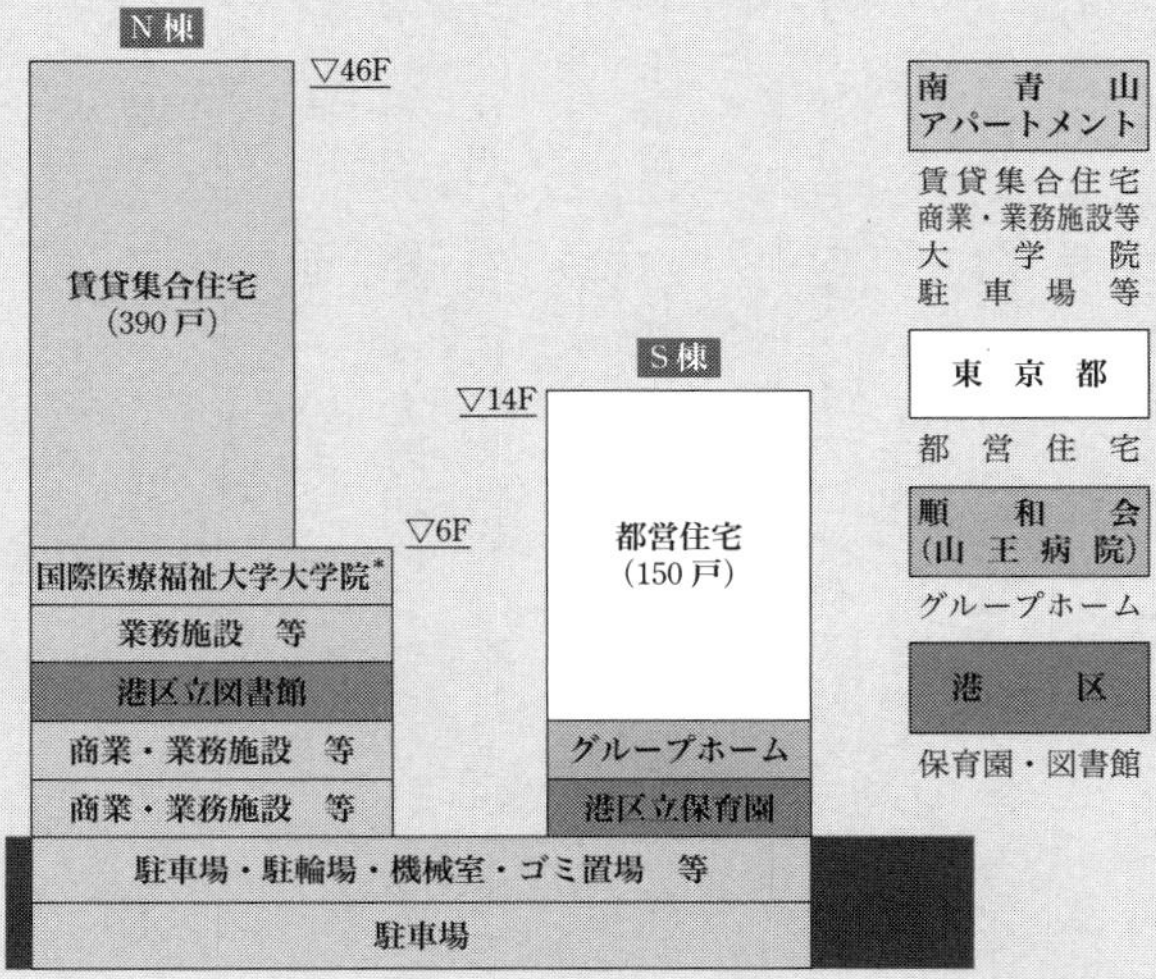

建替え事業自体が抑制されてきた面があります。

２０１１年には、ＰＦＩ法の改正が行われ、対象施設に賃貸住宅が追加されました。これを受けて、公営住宅においては、民間活力のさらなる導入に向けて、国もＰＦＩ法に基づく公営住宅のＰＦＩ・ＰＰＰ事業（ＰＦＩを含む官民連携事業）の促進を図るようになりました。このため、公営住宅の建替え事業においてＰＦＩ事業が急速に広まっています。

また、公営住宅ストックの多くはさらに年月が経って、建て替え時期に向かっています。更新すべきストックがあまりに大量に存在し、地方公共団体の公共住宅団地の維持更新や再生に向けての財政投資が追いつかない状況となっています。こうした中、各公共団体はＰＦＩ事業を推進すべく、国においても地方においてもＰＦＩ事業に対して交付金の重点配分を行うケースも多くなっています。

「ＰＦＩ事業による公営住宅等整備」は２０１８年3月時点ですでに80件を超える実績を上げており、今後さらに増加していくことが見込まれます。そこには前述した交付金の重点配分や事業費の低減化、地方公共団体が興す「起債」に替わる割賦返済方式の他、建て替えに伴う仮移転支援や居住者調整など、ＰＦＩ事業者への様々な期待が込められているようです。近年の公共投資の抑制の傾向の下、直接的対応では大きな公共投資が期待できない公共団体の大規模団地の多くは、すでに老朽化状況が限界に近く、一方で機能再編の要請も大きく、早急な対応が求められています。このため、対象となる団地の大規模な建替え事業を可能とする民間事業投資や、様々な生活支援施設の整備などを可能とする民間事業者への依存の社会的意味も、極めて大きくなっています。

しかし本来、ＰＦＩ事業とは民間事業者の自主性と創意工夫を尊重し、民間の資金、経営能力および技術的能力を活用できる事業スキームとして考えるものです。世界の潮流では、公共事業のスリム化が進み、行政の役割は公共投資の適正な執行を目指しつつ、安定的な供給のための条件整備へとその役割をシフトしています。特に、公営住宅事業は地域ごとの政策ニーズに応えるべき事業として、居住支援施設、福祉施設や生活サービス施設など、住宅の供給にとどまらず地域に貢献する様々な機能や、種々の役割を併せ持つ必要があります。公営住宅の建替え事業におけるＰＦＩ事業では、民間資金の活用によって適正な建替え事業が実現すればよしとするだけでなく、その先のこうした総合的居住空間への再編を志向してもらいたいものです。地方公共団体は公営住宅事業の効率的な実施にウェイトを置きつつ、これらの状況を踏まえた行動計画を事業者や住民に明示して、「新たな公共」への計画的な取り組みや展開も考えて欲しいものです。

住宅市場が時代時代の景気状況に踊らされながらも、経済のグローバル化のなか、民間事業は確実に成長し、民間市場は拡大を続けています。総じてみれば、この間の「民」への移行は、公共事業の限界と制約、「官」による直接的事業の硬直性や非効率性の是正を狙いとして、官民連携や民間事業を活用することによる量的対応を行い、多様性の確保を目指した、必然的な流れともいえます。結果としてこの間、民間住宅産業は大きく成長し、市場の競争性に後押しされつつ居住関連技術開発を推し進め、日本の居住の豊かさの実現に大きく貢献してきたことは間違いありません。居住産業の効率的展開や生産・流通の合理化技術は全国津々浦々にまで普及し、地方においても都市部と同様の物的豊かさを実感できる生活改善は確実に進展しています。

しかし、これらの流れが新自由主義的理念に支配され続けるにしたがって、いくらかのほころびが散見されるようになっています。その状況が見え始めたのが人口減少が現実のものとなってきた2010年頃からであり、住宅や居住政策に求める方向の変容と共に「民」への流れについてもやや潮目が変わったように見えます。

建設業界を見ても、2005年の構造計算書偽装問題以降、耐火性能偽装(ニチアス等)、杭打ちデータ偽装(旭化成等)、免震ゴム偽装(東洋ゴム等)、免震データ改竄(KYB等)、レオパレスの建築基準法違反など、立て続けに社会問題となりました。民間大手企業の信頼は低下し、グローバリズムの下で展開される経済状況の変化に対する市場依存の脆弱さや、震災復興という社会的活動において市場活動が適切に対応していくことの難しさが多くの人々に認識されるようになってきました。同時に、近年のPFI事業に見られるような利益追求を主とする民間大手に対する官民連携事業への期待のズレが見え始めてきました。一部では再び「公」への期待と依存を志向する必要性が語られています。

しかしもし、ここ30年以上にわたって進められてきた「「官」から「民」へ」の時計の針が戻せないものだとすれば、民間住宅事業においても住宅の社会貢献的事業としての認識を高めつつ、豊かな居住状況を実現する手立てを探っていくしかありません。

元来、住宅産業は地域に密着し、「つくる・つかう・そだてる・なおす・かえる・こわすビジネス」を総合的に行う業です。「民」の活用は市場化による効率性・合理性の確保に止まらず、地域の市場状況を活かしたきめ細かな、かつ多様な対応を期待するものです。したがって、ビジネスとしての事業性に優れた「民」だけでなく、地域地域の政策ニーズに応えるための居住者主体の組織や、地域の住生活やその活力の担い手との協働が重要になり、求められるサービスの内容に応じて様々な性格の事業者がこれを担う必要があります。こうしたことから、官

京都市八条市営住宅

た「検討委員会」を立ち上げ，コミュニティ施設などの運営支援を行うこととしています．

民連携業務については、近年はPPPを超えて、さらに居住者や地域住民目線の重要さに鑑み、Public-Private-People-Partnership＝PPP事業ともいわれています。京都市や神戸市の公営住宅の建て替えにおける官民連携事業では、建て替えに伴う余剰地を活用する方策として地域コミュニティ施設を提案したり、地域組織や地域NPO組織を活用した地域活動を提案するなど、公営住宅資産の地域貢献への新たな役割を求めながら事業展開を進めています（コラム3参照）。

今後、指向すべき官民連携事業は、地域社会に貢献するきめ細かな対応であり、これによる持続的なハウジングビジネスを構

〈コラム3〉
地域と共に団地を再生する――京都市八条市営住宅

「京都市八条市営住宅」(京都府京都市南区)は，1962年度から66年度にかけて建設された市で最も古い公営住宅の一つです．建設から約50年が経過して老朽化が進み，耐震性能やバリアフリー性能が現行の基準を満たしておらず，浴室も設置されていないことから，2018年より全棟を建て替えるPFI事業に着手しました．

この建て替えによって多様な世代が安心，快適に暮らせる住宅を供給するとともに，建て替えに伴う民間の付帯事業として，敷地の一部を有効活用し，市全体の課題や地域のまちづくりを考慮した民間の住宅や施設を設けています．具体的には，建て替え及び付帯事業の実施と併せて，憩いの空間となる公園の整備及び周辺道路の拡幅を行い，市営住宅のみならず，地域にとっても良質な環境を整備することとなりました．この事業はこれらを一体的に行い，周辺地域におけるまちづくりと連携しながら団地再生を行うことで，地域の人口増と世代や所得階層の偏りを解消し，次世代の居住を促進し，住宅セーフティネットの充実とともに，団地内外の活性化に資することを目的とする事業です．

市営住宅と民間が行う他の事業用地に分かれた「2つのまち」ではなく，オープンスペースを創出し，景観を形づくる等のハード面，コミュニティ活動等のソフト面で連携した「1つのまち」をつくるため，「みんなの広場」等事業用地全体で一体的な屋外空間を形成し，様々な出会い・交流を生む「まちライブラリー」を設置しています．

また，市営住宅やマンションの入居者，地域住民等の交流を促進するために，自治会や地域の団体，事業者等が参画し築することだと思います。人口減少によってグローバリゼーションの限界が見え始めた今、民間のハウジングビジネスはそのスタンスを大きく転換していくことが予感されます。

令和の時代はこうした「民」による「新しい公共」にその展望を見出し、新しい形の官民連携事業の道筋ができることを期待します。

第3章 「つくる」から「つかう」へ

――ストック重視政策

1　ストックをいかに活かすか——浮上する建替え事業

日本の公共賃貸住宅は１９６０～70年代に大量に供給され、多くは集団的に建設される団地として造られました。現在、これらのストックは建物の老朽化が進みつつありますが、それ以外にも住宅の規模、設備の陳腐化、耐震性の課題、エレベーターなどのバリアフリーの問題、立地環境の変化に伴う課題などを抱えています。これら60～70年代の公共住宅団地の特徴を要因とする課題に着目すると、現在の日本の住宅が直面する種々の問題が浮き彫りになります。

一つは「住棟特性、プラン特性」に起因する問題です。１９６０～70年代の団地の多くは４～５階建ての階段室型の住棟で構成されています。さらに、当時の基準から住棟のほとんどがエレベーター未設置で、現在でも、このような住戸が公共賃貸住宅の総ストックの約半数を占めています。また、この時期の住戸は40～50平方メートル程度の小型住宅がほとんどで、団地ごとに画一的に供給されているものが多く、空間機能や設備レベルにおいても、時代のニーズに必ずしも対応できていません。当時の入居者の年齢層が偏り、その継続居住が多いことも原因して、現在では公共の賃貸住宅団地には、結果として高齢者が集まる状況となっています。このため、現在ではバリアフリーなどの居住性能の課題を抱えています。この住戸特性から生じる居住層と住棟特性のミスマッチの解消は喫緊の課題といえます。

二つには「居住者特性」に起因する問題です。この時期の団地は画一的に供給されたために入居者の特性が偏っています。前述のように、その継続居住が多いことから、結果として高齢者が集まる結果となっています。このため、団地コミュニティが停滞して、居住福祉面の課題が一層重要視される状況が見られます。住宅地としての持続的な活力を維持するとともに、実態として生ずる居住者への配慮の重要性を鑑みれば、団地の再生に際して居住福祉的な側面から、種々の施設を複合したりサービスを導入したりすることが重要な課題となります。

三つには「大規模性」に起因する問題です。この時期の団地は高度成長期の時代の要請に基づいて大量供給を行ったため、都市郊外に大規模団地を出現させ、大規模に特化した住宅地と住生活機能が集積することによる一定のライフスタイルを築いてきました。しかし、社会構造や産業構造が変化してそれに伴う都市構造も変わるなか、住宅と住生活機能が集積することの価値から、種々の生活機能やサービスを、身近にかつ小規模に散在させる住宅地の価値へと社

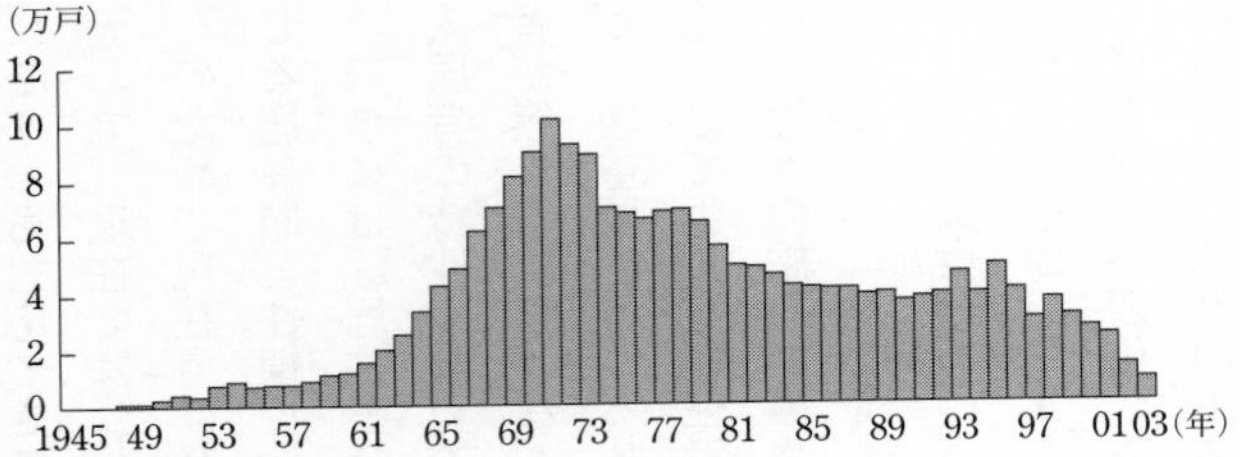

建築時期	1954年以前	1955〜64年	1965〜74年	1975〜84年	1985〜94年	1995〜2003年	合計
管理戸数	29,114 (1.3%)	153,709 (7.0%)	754,061 (34.4%)	588,245 (26.9%)	405,261 (18.5%)	259,401 (11.8%)	2,189,791 (100.0%)

図3-1　公営住宅ストックの年代別分布

(注) 公営住宅ストックは全国で219万戸．築後30年以上のものが4割超．近年の供給は減少(大半は建替えによるもの)

(出所) 国土交通省「公的賃貸住宅の施策対象及び検討課題について」(2005年5月)より作成

会のニーズは大きく転換してきました。画一的な住宅や、市街地と切り離された住宅地が大規模に集積していることによって、現在の新しいライフスタイルに適合できないまま、地域の活力低下に繋がってきました。

四つには「郊外立地」に起因する問題です。郊外にある住宅団地は高度成長期に都市へ人口が集中するのに対応すべく開発されたものが多く、公共賃貸住宅団地は、当時の住宅地としてのインフラを整備しつつ造られていす。このため、団地のなかには当時の状況に比して市街化が進み、立地のポテンシャルが大きく変わるものもあります。この場合、団地には住宅地としての機能に留まらず、市街地としての複合的な機能も求められます。団地の住宅需要動向も変化し、ライフスタイルや居住像も大きく変容し、今、住宅地としての再編が求められています。一方で、時代は人口減少社会を迎え、都心回帰や「街なか居住」が進む中、多くの団地は郊外住宅地としてのあり方自体が問われはじめています。郊外住宅地における空き家の増加や地域活力の衰退は、今後予想される住生活政策の大きな課題であり、住宅地機能の再編を含めた団地再生の課題でもあります。

これらの膨大なストックは、2000年を過ぎる頃には、更新時期(耐用年数の二分の一経過)を迎えましたが、当時の経済状況の中では、公共住宅事業者が全て建替え事業だけで老朽ストックを更新することは困難となることが明白でした。

このような種々の課題に対して、今まで既存の住宅団地の再生はどのように取り組まれてきたのでしょうか。1990年代から始まった公営の住宅団地の再生は、主に70年以前に建設された住宅団地を対象にして建替え事業を中心に展開されていました。

1970年以前に建設された住宅団地は都市の中に立地されているものが多く、好立地に裏付けられて一定規模の団地においても、老朽・陳腐化への対応とともに、供給量の増加を図るための建替えの高い事業効果が期待できるために、全面的建替え事業が展開されてきました。しかし、これらの古い住宅団地の建替え事業を見ても多くの問題を抱えていることが明らかでした。

一定規模の団地の全面的建替えや複数の小団地を集約して建て替える（余剰地売却を含む）という事業においては、事業の経営上の論理が優先され、供給量を増加させ、従前までの居住者が建て替え後も戻って入居する（戻り入居）対応を中心とすることもあり、居住地再生の課題対応や将来需要・将来像を展望する視点にやや欠けています。また、高齢小世帯を中心とする戻り入居に対応するため、従前の居住者に対応する小型住宅を多く供給することが多くなり、「小型住宅の更なる集積」が進み、それが不良資産の再生産や高齢者世帯の過度の偏在につながり、大規模団地の再生にとって不可欠となる生活機能の再編が必ずしも十分ではないものが多く見られます。

これらの状況に対応するために、既存住宅ストックの建て替えは団地再生・地域再生の文脈の中の手法の一つとして展開され、建替え事業の効率的・計画的展開をしていくことと併せて、生活機能やコミュニティの再編を図ることが重要です。すなわち、大規模団地は、建替え事業を行う際に、年齢や階層を混在させるコミュニティミックスや事業ミックスによって団地の種々の課題に対応することができ、こうした視点から民間事業者の活用も進められてきました。

70年以降に建設された住宅については、住戸内の設備を主とする「住戸改善」が行われ、その後、増築を含む住棟共用部分の改修へと展開しています。

公共住宅の改善事業は、これらに先立って1980年頃には戦後大量に供給された小型住宅の規模改善(2戸を1戸に改造、1室を増築するなど)を中心に、住宅が社会的に陳腐化していくことに対応すべく設備を改善し、身体障害者向け、高齢者向けに改善していくことによって住宅の安全性や居住性機能の向上を進めてきました。その後も耐震改修やバリアフリー、断熱改修などによって共用部分や屋外環境などの改修メニューの多様化を進めてきました。公共住宅は戦後早くから大量供給を進めてきたこともあり、公共住宅の建て替えや改修についても、こうして、民間住宅の更新事業に先行して進められてきたのです。

再生が求められる公営住宅団地は、時間経過とともに徐々に1970年以降に建設された団地にも広がっていくことになりますが、一方で、対象となる公営住宅団地は各住戸規模も徐々に大きくなったために、既存建物を継続使用していく可能性も高まります。また、当該公営住宅団地は都市部郊外に立地するものが多くなったことから、供給量の増加を図るための高度利用の要請も低下してきます。こうしたことから、この時期の公営住宅団地の再生については、全面的な建て替えに踏み切ることが必ずしも事業的にも効率的とは言えず、多様な活用を検討することが求められるようになりました。

特に、1990年代後半は経済状況が停滞する中、公営住宅では躯体の耐用年数が残るストックについて、建て替えに代わる別のストック再生の手法を模索していました。その後、東京都では1998年に、4〜5階建ての片廊下型住棟を中心に「スーパーリフォーム事業」として、耐久性の高い躯体を残し、エレベーターを設置してバリアフリーリフォームと老朽・陳腐化の進んだ内装や設備を全面的にリフォームする手法が制度化されて、1960〜70年代の数多くの都営住宅で展開されました。

国においては、公営住宅のストック活用に向けて、2000年に「公営住宅ストック総合活用計画」の制度が創設されました。「公共住宅ストック総合活用計画」は、各地方公共団体が公共住宅の適正な整備と管理を図るための計画で、①供用開始後に居住水準を向上させ、②構造・設備の老朽化への対応、③公共住宅敷地の有効利用など、円滑なストックの更新を目指した公共住宅のストックマネジメントのマスタープランといえます。この計画では、ストックの特性や地域のニーズに合わせ、建替え事業・改善事業・維持保全などの適切な手法を選択し、総合的にストックの活用を図る計画を定め、これに基づき計画的に建て替えや改善などを実施していくこととしています。これに伴って、4〜5階建ての階段室型住棟にエレベーターを設置し、住戸内の設備と内装を全面的に改修する「全面的改善事業(トータルリモデル事業)」

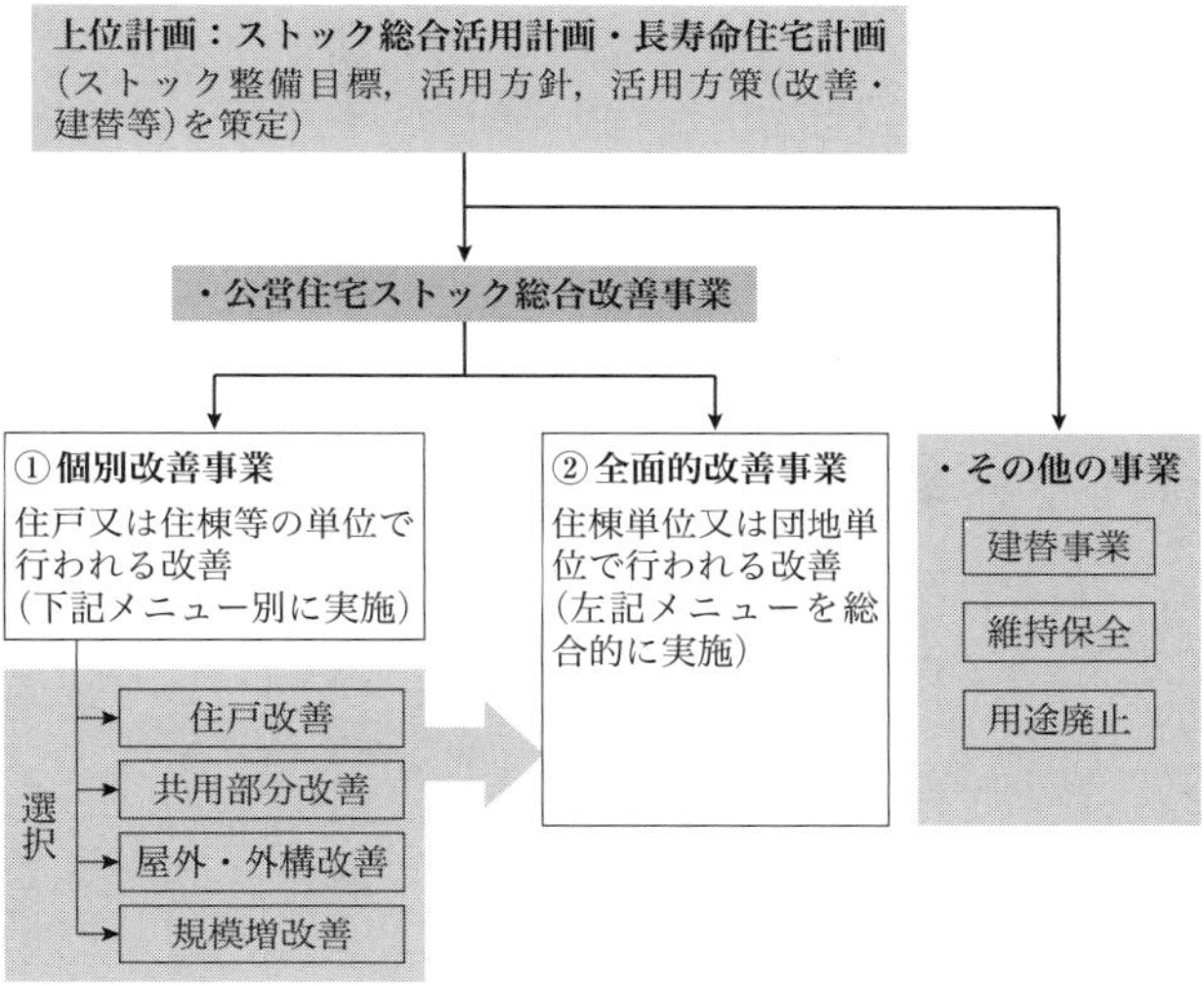

図 3-2　公営住宅ストック総合改善事業の体系
（出所）国土交通省『公営住宅の建設（平成 12 年度版）』より作成

が制度化されました。これを受けて、各公共団体でも「公営住宅ストック総合活用計画」が策定され、建替え事業から改修事業にシフトしていく形で、大阪府、兵庫県、神奈川県をはじめ多くの自治体で「トータルリモデル事業」が進められました。福島県、山口県等においては、この事業を用いて廊下を増設し、エレベーターの効率的利用と各住戸へ段差なく通行の出来る「フラットアクセス」を可能とするバリアフリー改修技術が実現しました。

古い公営住宅に共通するハード面での主要課題は、「耐震性能」と「バリアフリー性能」の向上です。これらは、構造躯体に手を加えることになるため、診断と改修の一連の行為の中で判断していくことが重要となりますが、工事の安全、騒音、工期等を含めてその対応の十分な経験と技術の蓄積ができていないのが実情です。こうした中で、耐震改修や4〜5階建ての階段室型住棟のバリアフリー改修の先進的取り組みが始まりました。これらの改修技術は、まだ法制度的にいくらかの課題を内在させたままですが、喫緊の課題でもあり、さらに制度整備を含めた支援が必要だと思われます。

公営住宅は地方公共団体が行う政策事業であることから、改修事業についても民間事業に比べて政策的判断によって取り組み易く、共用部分と専用部分に跨るドラスティックな改修が可能となってきました。しかし、改修のためのハード技術の展開についてはこれを実現するための周辺の課題が大きく、また、住棟を改修する際の課題として、事業の効率や改修費用の回収可能性の有無が大きな問題です。住棟の改修、特に共用部分の改修は、一般に居住資産として の価値向上には該当しないとされ、賃貸住宅の家賃上昇に繋がりにくい状況があり、賃貸住宅のオーナーはこうした改修には積極的になれない状況です。

こうしたストックの再生事業を早急に進めるためには、法制度や資産評価システムなどの改修を支える事業環境を整えることが必要です。また、改修工事は居住者が居住したままで行う工事となるため、「居付き・居抜き工事」での対応や居住者の合意などを求めることとなり、これらの対応の進め方なども大きな課題です。

各公共主体が都市部や郊外地域に供給した住宅団地もまた徐々に更新期を迎えるなか、公営住宅以上に事業性が問われる状況にあるUR都市機構でも住宅団地を全面的に建て替えるのではなく、改修によるストック再生も視野に入れた取り組みを試行し始めています。UR都市機構は、1980年代から、居住者の申し込みによって、設備機器を主に家賃の加算を条件として実施する「ライフアップ」改修や、空き室を対象にリビングやダイニングなどの改修を行う「リニューアルⅠ・Ⅱ・Ⅲ」事業を実施してきました。けれども十分な事業効果は見込めず、大きく展開する状況ではありませんでした。それでもその後、UR都市機構は屋外環境をリニューアルする総合的団地環境整備事業を展開し、駐車場・駐輪場や住棟入り口周りの整備等と屋外のバリアフリー化をも進めており、これらは一定の効果を上げてきました。

2000年代以降は老朽団地の再生がさらなる主要な課題となり、UR都市機構は、対象団地を仕分けしつつ、ストックの再生に向けて、建替え事業、ストック改善事業から維持保全に至る総合的なストック活用計画に取り組んで、計画的に事業を進めています。また、「ルネッサンス計画」と呼ばれる改修実験にも取り組み、武庫川団地(兵庫県西宮市)、多摩平団地(東京都日野市)などでは、住棟単位の改修による再生の先導的な取り組みも試行されています。さらに、「団地マネージャー制度」を導入し、団地再生に向けての総合的なマネジメントにも取り組んでいます。

こうした居住空間の再生、居住機能の再生、持続的居住支援ビジネスやマネジメントの構築など、多面的、多角的に取り組む先導的なモデル的事業が、今後、ストック再生の道を開くこととなるように思います。

2 リフォーム・既存住宅を評価する仕組み

公共住宅を除く民間住宅市場におけるストックへの対応については、1986年の第五期住宅建設五箇年計画において、マンションの適正管理を促し、住宅のリフォームを推進することが政策として方向づけられましたが、実際にはその後のバブル期にこれらの政策が大きく展開されることはありませんでした。90年代半ばになって、住宅政策が住宅市場全体を視野に入れて展開する方向に転換され、2000年以降は、民間事業においても、住宅リフォーム市場と既存住宅流通市場の環境を整えることが住宅市場の主要な課題となってきました。

しかし、住宅リフォームや既存住宅流通の市場規模を見ると、住宅は余剰になりつつあるにもかかわらず大きく拡大はしていません。住宅リフォーム市場は2000年頃には7兆円規模(家具、インテリアなどを含む広義のリフォーム)でしたが、その後も6兆円強程度で推移していま す。20年以降の住宅リフォーム市場についても概ね7兆円程度で推移すると予測されています。既存住宅流通市場についても既存住宅流通比率(既存住宅流通量/新規+既存住宅流通量)は15%程度で終始しており、今後の大きな伸びは予測されていません。これらの数値は欧米諸国に比べて極めて低い数値であり、日本の住宅市場には、ストック型社会に向けて脱皮していくための多くの困難が立ちはだかっているようです。日本の住宅は、木造戸建て住宅が多く、建物の寿命も概ね30年と言われ、経済成長期に対応する「スクラップアンドビルド」の考え方が社会通念として定着してきました。また、リフォーム業者も多様な業種からの参入を含めて混とんとした状況にあり、情報不足やトラブルなど、業界の適正化に向けて多くの課題があると指摘されています。

特に、集合住宅は欧米諸国と比較すると歴史が浅いため、木造戸建て住宅と同様に依然として寿命は短く、社会的な要請と相まってスクラップアンドビルド的な構造となっている状況です。

分譲マンションについては、現在、ストックの総量は650万戸を超えています（2018年）。そのうち、竣工から40年以上が経過している古いマンションは80万戸近く存在していま す。これらの古いマンションの多くは、現在では新築が供給されることがほとんどない、古くからの市街地部に立地しています。築30年を経過するマンションも約200万戸存在し、これらは郊外や臨海部に立地することが多くなっていますが、大型化・高層化が進んでいることも特徴です。経済が低迷する状況では、こうした古いマンションの性能と設備をリフォームして活用することが低コストで住宅を供給することを可能とするため、その潜在的な需要は一定量あります。社会状況の変化に伴った居住ニーズの多様化に対応し、解体などによる廃棄物を削減することによって地球環境を保護するという観点からも、既存マンションのストックを改修して耐用性や居住性能の高い住宅に変換していくことが求められます。

しかし、これまで分譲マンションにおいて、大がかりな改修が実施されることはほとんどありませんでした。その理由としては、①分譲マンションの建物部分の価値は30年も経過すればほとんどなくなってしまい、所有者にとっては、新たな投資ができないこと。また、②長い間日本の住宅分野の企業はその技術力を新築に集中させてきたため、マンションのリノベーションを行う際に必要なノウハウや体制を持つ企業がほとんどないこと。さらに、③分譲マンションの建物の区分所有権に関する法律（区分所有法）とそれに付随する標準管理規約などは共用部分を保全することに主眼が置かれ、リノベーションのような大掛かりなリフォームを行うことを前提として作成されていないこと、などが挙げられています。

これまで分譲マンションの住戸専有部分については、区分所有者の裁量に任されてきました。しかし、既存住宅の流通量が極端に少ない日本では、住宅をその品質に応じて評価する機会がなく、区分所有者に住宅の内部を適切に改善していく動機付けが十分には働かない状況です。このため、最低限の必要性の高い給水や排水設備の枝配管の交換や古くなった設備機器の交換は定期的に行われていたとしても、新築で供給される水準の断熱性や室内空気環境への配慮、設備機器の省エネルギー性、住戸内段差の解消などはほとんど顧みられることはありませんでした。したがって、インフィル（内装など）のリフォームについても、現状維持のための管理と居住状況の変化に伴う仕上げの変更や設備機器の端末を取り換えるだけの、単なるインテリアリフォームに制限されていたのが実態なのです。現在の住宅に求められる性能に追いつかせるために、居住者のニーズや社会の要請に合わせて大がかりなインフィルの変更をすることもほとんどなかったといえます。

しかし、社会構造がストック型社会へと変容する中、たとえ民間事業でも、既存の住宅をユーザーのニーズにのみ対応した住宅にリフォームするのではなく、設備の陳腐化や仕上げ材、建具などの劣化にしっかりと対応して、将来にわたり長期的に使い続けることが可能となる、社会的に求められる性能を保有した住宅へと更新することが求められています。

近年になって、非常に良い立地や環境にあり、また、スタイル・基本性能を十分に有した集合住宅を、現代の住要求に応えられるように改修して、性能や快適性をより高めることで、新築に比べて低いコストで質の高い住宅を供給、あるいは取得する動きが出てきています。これらの取り組みは集合住宅を長期に使用していくための計画、技術、事業調整などの種々の側面からのヒントと方向性を示唆してくれているように思います。

そのような事業を展開する代表的な事業形態を挙げると、次のような類型が見られます。

一つは、共用部分の大規模修繕工事を契機として、住戸内のリフォームメニューを提示し、共用部分と専有部分を合わせた改修を複数戸を対象として効率的な改修工事を実施する「大規模修繕との同時改修タイプ」。二つ目には、事業者が既存の社宅などを買取り、1棟丸ごとで改修を行い販売する「住棟一体改修タイプ」。三つ目が、事業者が既存マンションの住戸を買取り、住宅市場のニーズなどを考慮して住戸内の改修を行い販売する「住戸単位買取り再販タイプ」。四つ目が、既存マンションの住戸を注文主の個別の要望などに丁寧に対応して改修する「居住者個別対応タイプ」などです。

集合住宅の大がかりな改修事業は、公共住宅で率先して取り組まれてきましたが、民間の集合住宅においてもいくらかの先進的事業が見られるようになってきました。たとえば、イプセ都立大学(2005年)は、既存集合住宅の「リファイニング建築」としての先駆的事業で、劇的に建物を甦らせる設計となった事例です。また、千駄ヶ谷緑苑ハウス(2014年)は、新たな事業主が元所有者から建物を買取り、分譲マンションとして再販した事例です(コラム4参照)。

これらは、大都市において民間賃貸集合住宅のリファイニングが完成し、投資におけるひとつの道筋を示すこととなった事例といえます。

既存住宅に対する市場の評価理論は、経過年数に応じた現価率に示されるように、経年による大きな資産劣化を前提としています。このことが適正な市場評価を歪めている面があるように思います。リフォーム等によって既存住宅の資産を増価させる取り組みは、既存住宅リフォームビジネスを拡大していくための大きな鍵です。その敷衍化を期待したいものです。

（上）イプセ都立大学（提供＝青木茂建築工房，撮影＝松岡満男）
（下）千駄ヶ谷緑苑ハウス（提供＝同上，撮影＝上田宏）

〈コラム4〉

古い建物を甦らせる
——イプセ都立大学，千駄ヶ谷緑苑ハウス

「イプセ都立大学」(東京都目黒区，2005年)は，既存集合住宅の「リファイニング建築」(青木茂が提唱するリノベーション手法)の先駆的な事業とされています．一般に集合住宅の改修は，現行の建築基準法に適合するための大規模な改修が求められるため，多大なコストをかける必要があります．この事業は，元の住宅は年月を経て，構造や高さに関して既存不適格な部分が存在していたため，確認申請対象工事とならない範囲の改修で，建物を劇的に甦らせる設計となった事例です．

その後，民間の集合住宅においてもさまざまなプロジェクトが展開されていますが，たとえば，「千駄ヶ谷緑苑ハウス」(東京都渋谷区，2014年)は，新たな事業主が元所有者から建物を買取り，築43年の賃貸マンションを分譲マンションとして再販売する事例です．この改修事業の特徴は，第三者審査機関に依頼して建物の「デューデリジェンス」(建物の劣化，機能，耐震性等の調査・診断)を行い，建築構造物の物理的な耐用年数を50年と推定し，税法上の耐用年数の残存年数が7年の建物の耐震改修費については，事業者は金融機関から長期の融資を受けることができた点だと思います．

これらはいずれも，リノベーションによって集合住宅の資産価値を高めつつ，既存の住宅流通を促進することのできた数少ない事例です．

3　課題山積の分譲マンションの建て替え・改修

分譲マンションは１９７０年代頃から供給が増加し、団地として整備されたマンションの供給も多く見られるようになっています。前述のとおり、現在では築30年以上(１９９０年以前)の住宅が約２００万戸、築20年以上(２０００年以前)の住宅は３８０万戸を超えるようになっています。多くのマンションでは、大規模修繕が行われるとともに、今後のマンションの計画修繕や改善、改修、建て替えなどに対する管理組合の意識も高まりつつあります。こうした状況は今後さらに拡大していくことが必然だと思います。

これまで建て替えが実施されてきた分譲マンションは、１９８０年以前に建設されたものが多く、建物の老朽状況はあっても、好立地に裏付けられた高い建て替え倍率(従前床面積に対する建て替え後の床面積の増率)が望めたので、等価交換方式によって自己負担がなく成立してきたものがほとんどです。このため、住民の合意もとりやすかったといえます。しかし、近々に再生が求められる80年代以降の分譲マンションは、建物の老朽化がそれほど大きく進んでいるともいえず、また、元々建物は高層化しており、郊外にある団地型のものが多く、市街地部ほどの高い住宅需要も見込めず、建て替え倍率は上げられないため、必ずしも建替え事業の事業性は高いとは言えません。そのため、団地としての全体の合意形成も容易ではない状況です。

分譲集合住宅団地というものは、区分所有財産の集合体として構成され、居住者の合意によって種々の取り組みが決定されます。このため、共同居住する各居住者同士が団地や住棟の運営や、資産管理などについて方針を共有化することが重要です。しかし、これらはいずれも、個々の生活環境や資産形成に大きな影響を与えるため、それぞれが個別の事情や思惑に左右されることも多く、種々の取り組みを実現していくことは簡単ではありません。近年は、建物の老朽化や居住者の高齢化に伴って、区分所有法に基づく合意の難しさが一層認識されてきています。こうした状況を踏まえて、2000年には管理規約や管理組合の取り組みを充実させるべく「マンションの管理の適正化の推進に関する法律」、2002年には「マンションの建替え等の円滑化に関する法律」が制定されました。今後は、これらの動向に伴って維持管理や資産運営を適正に遂行できるようあらかじめ種々の工夫や仕組みを取り入れつつ、区分所有者の資産管理に向けた認識を醸成していくことが課題となっています。

分譲マンションの更新については、前記の「マンションの建替え等の円滑化に関する法律」の制定と同時に区分所有法も改正され、建替え要件や建替え決議が明確になるなど一定の進

表 3-1　諏訪町住宅建替え計画

	建替え前	建替え後
敷地面積	約 3,900 m²	約 3,900 m²
棟数・階数	3 棟・地上 3〜4 階	1 棟・地上 5 階地下 1 階
延べ面積	約 3,100 m²	約 6,600 m²
戸数	60 戸	96 戸

（出所）「住まいの情報発信局」サイト内のページ（http://www.sumai-info.jp/mansion/jirei01.html）より作成

展が見られています。諏訪町住宅（東京都新宿区）の建て替えは、2005年に築47年の東京都住宅供給公社の分譲住宅を、区分所有法に規定されている建替え決議に基づいて建て替えた事業で、「マンションの建替え等の円滑化に関する法律」に基づくマンション建替組合設立認可第1号です。分譲主である東京都住宅供給公社をコンサルタントとして選定し、建替委員会とコンサルタント、事業協力者（旭化成ホームズ）が一体となって建て替えに取り組み、その一環で、高齢者に対しては仮住居の紹介や身の周りの世話を提供したりして、54名の区分所有者のうち、45名が再建マンション床を取得しました。従前の住戸面積が小さいため従前面積を増床する場合は追加の負担金がありますが、従前の居住床面積に対して建て替え後に取得できる居住床面積（権利変換による床還元率）は約100％です。

区分所有法の改正で、団地型マンションについては一括建替え（70条）と部分建替え（69条）の両方式が示されました。しかし、今のところ一括建替えの進展は見られるものの、部分建替え方式はほとんど事例がありません。住宅団地の再生が、多様かつ柔軟な再生を目指すならば、部分建替えが望ましいと言えますが、事業の手順や実現性、住民の合意形成の面で多くの課題が残されています。

分譲マンションの建て替えは、居住者の合意や意見調整のために依然として多くの時間と労力を要しています。このため、老朽化や陳腐化の速度に十分に見合う事業展開は難しいのが実情です。

一方で、分譲マンションにおいても、改修による延命を模索する動きが多くなってきています。こうした団地における様々なニーズは住棟全体の改修による対応や共用空間の改修を含んで幅広い視野で考慮すべきだと思います。

しかし、分譲マンションの住棟の改修については、実例がほとんどなく、事業の選択肢もきわめて少ないのが実態です。共用設備の劣化に対応したり、耐震改修を行うなど、大きな不具合や区分所有者の強い要望があって全員合意が形成できる要件の下で限定的に実施されている程度です。分譲住宅は区分所有法によって成立している集合住宅ですが、区分所有法やこれに基づく管理規約は、住宅や住宅団地の保全や管理運営の規定にとどまっており、これを超える機能の再編や空間の再生などの改善・改修行為はそもそも想定されていません。現制度内では、大胆な住棟改修は想定されておらず、せいぜい部分的な改修を特別決議で実施できる程度です。共用部分を含む住棟部分を大幅に改修するには民法上の共有物の変更にあたる共有者全員の合意が必要とされています。共用部分にかかる大幅な改修は事業効果を確認することの難しさもあり、全員合意の対象行為として実施しにくい状況もあります。

複数の住棟により構成される団地に求められる様々な運営や管理については、共用部分に対する合意の権限がどこまで及ぶかの整理が重要ですが、現在の区分所有法はこれらを方向づける十分な規定とはいえません。住宅団地は、時間の経過と共に空間や機能をドラスティックに変えていくことを求めることが多くなっていますが、このように変化に対応していくためには現行の区分所有法自体が大きな制約となっているように思います。

まして、居住したままで行う「居付き・居抜き工事」による改修事業は、なおさら住民合意の調整などに多くの手間を掛ける必要があり、居住を継続するための技術的対応と共に生活を継続するための事業的な対応が最も重要となってきているのです。このこと自体が住棟の再生にとって大きな制約となり、分譲マンションの再生は依然限定的なのです。

こうした状況に対応していくためには、マンションの「長期運営計画」への取り組みがヒントになるように思います。「長期運営計画」とは、マンションの将来像を区分所有者間で緩やかに共有しつつ、将来のマンションをめぐる様々な事象に対して管理組合の活動を通して対応していくためのものです。管理運営の方針となるビジョンを示すもので、長期修繕計画の拠りどころともなるマスタープランといえます。「長期運営計画」は、供用してからの維持管理・修繕だけでなく、経営的な視点からの資産管理や資産増価に向けた改修、増改築、建て替えやマンションの解散・売却等まで視野に入れて、建物の生涯にわたるマネジメント計画とすることが一層有効です。こうしたビジョンの共有によって区分所有者間の合意や改修行為などのアカウンタビリティーを高めていくことができます。

分譲マンションは、時代やその立地に求められる種々のニーズに柔軟に対応できるように用途を転換したり、機能を付加したり、また、ドラスティックな改造を行っていくことによって、市場価値を高めることになります。確実に訪れている「ストック型社会」では、従来型の市場評価システムが適用しなくなっていくことは明白であり、これからは単に長期にマンションを維持・持続するにとどまらず、マンションの経年減価を抑制したり、マンションを活用する柔軟な対応力を持ったりすることに市場の価値がシフトすることが予測されます。

4 「200年住宅」と既存住宅・リフォーム事業ブーム

2000年前後には、ストック型社会への転換に向けて諸制度・事業の見直しが精力的に展開されました。この時期に、住宅リフォーム市場や既存住宅流通市場を育成し、住宅を合理的かつ適正に管理していくための住宅政策が重点的に行われました。06年に、こういった政策の集大成に当たる「住生活基本法」が制定され、「住生活基本計画」も策定されて、ストック重視の方向性が明確に位置づけられました。

この時期を境に、日本の総人口は減少局面に入り、本格的な人口減少・都市縮退時代を迎えて、住宅問題は「再生」・「改修」・「利活用・解消」などをキーワードとするストック政策の時代に突入していきました。住生活基本計画では「フローの住宅建設を重視した政策から良質なストックを将来世代へ承継していくことを主眼とした政策へ大きく舵を切っていくことが不可欠である」とされています。さらに、「これまでの住宅を作っては壊す社会から、いいものを作って、きちんと手入れして、長く大切に使う社会へと移行することが重要である」とも方向づけられています。

翻ってみると、住宅を長期に維持するための理念や仕組みは、古くは１９８０年頃から取り組まれていました。「センチュリーハウジングシステム（ＣＨＳ住宅）」や「スケルトンインフィル方式（ＳＩ住宅）」はその代表的概念です。これらは長期耐久性をもつスケルトン（構造躯体）部分と自由に変えられるインフィル（内装・設備）部分を明確に分離することによって長寿命化を図る建築システムです。分離することによって、構造躯体は高い耐久性と耐震性を有することが可能となり、メンテナンス（維持・補修、交換、更新等）は容易になって、住戸内の内装・設備の可変性が確保されます。このためには高い階高による躯体間寸法やメンテナンスのためのスペースのゆとりを確保し、部品や設備の寸法をルール化し、二重床とするなどの配慮が求められ、これまで一定の技術開発やノウハウは十分に蓄積されてきました。これによって長期的に良好なストックを維持すると共に、ライフサイクルコストを低減させることになります。

しかし、これらのシステムが十分普及してきたとはいえません。この普及の追い風になるのが「住宅の品質確保の促進等に関する法律」（１９９９年）に基づく「瑕疵《かし》担保責任」、「住宅性能表示制度」などの整備・普及の取り組みです。既存住宅でも耐用性などの質によって評価され、適切な価格査定が行われるようになれば、長期に質を維持する仕組みが一層重要となり、住宅の長寿命化が普及する大きな原動力となるでしょう。そのためには、リフォーム支援体制を強化し、住宅履歴書や、既存住宅取引における情報を整備して、長期に持続する住宅に対応した住宅ローンや住宅税制を見直すなどといった多くの周辺課題に取り組んでいくことも重要です。

２００７年には「２００年住宅ビジョン」が示されました。ここで示された理念は、長寿命化のためのハード技術の展開以上に、ストック型社会の住宅として長期に使用していくためのシステムへの思想の転換です。ここでは住宅は個人の資産であると共に社会的資産でもあることが強調され、「２００年」という言葉に象徴されるように、住宅を、自分の子供や孫へ引き継いでいくだけでなく、他人を含めた将来世代に引き継いでいくために維持管理、保守点検の仕組み、流通、住宅金融システムを整備していくことが提案されています。

こうした思想の転換を受けて、新築住宅においても超長期利用を想定して、住宅ストックの長寿命化が本格化します。具体的には、２００９年に成立した「長期優良住宅の普及の促進に関する法律」に基づいて、長期優良住宅認定制度が創設されました。この認定制度によって、これからの住宅を前述したスケルトンとインフィルを分離することや軀体の高強度化・高耐久性、免震技術の開発等の建設段階におけるハード技術を誘導するだけでなく、維持管理段階における施策や流通促進といった幅広い施策展開を促進しています。

この制度については、当初は新築住宅の認定制度としてのみ進められました。住宅を長期に

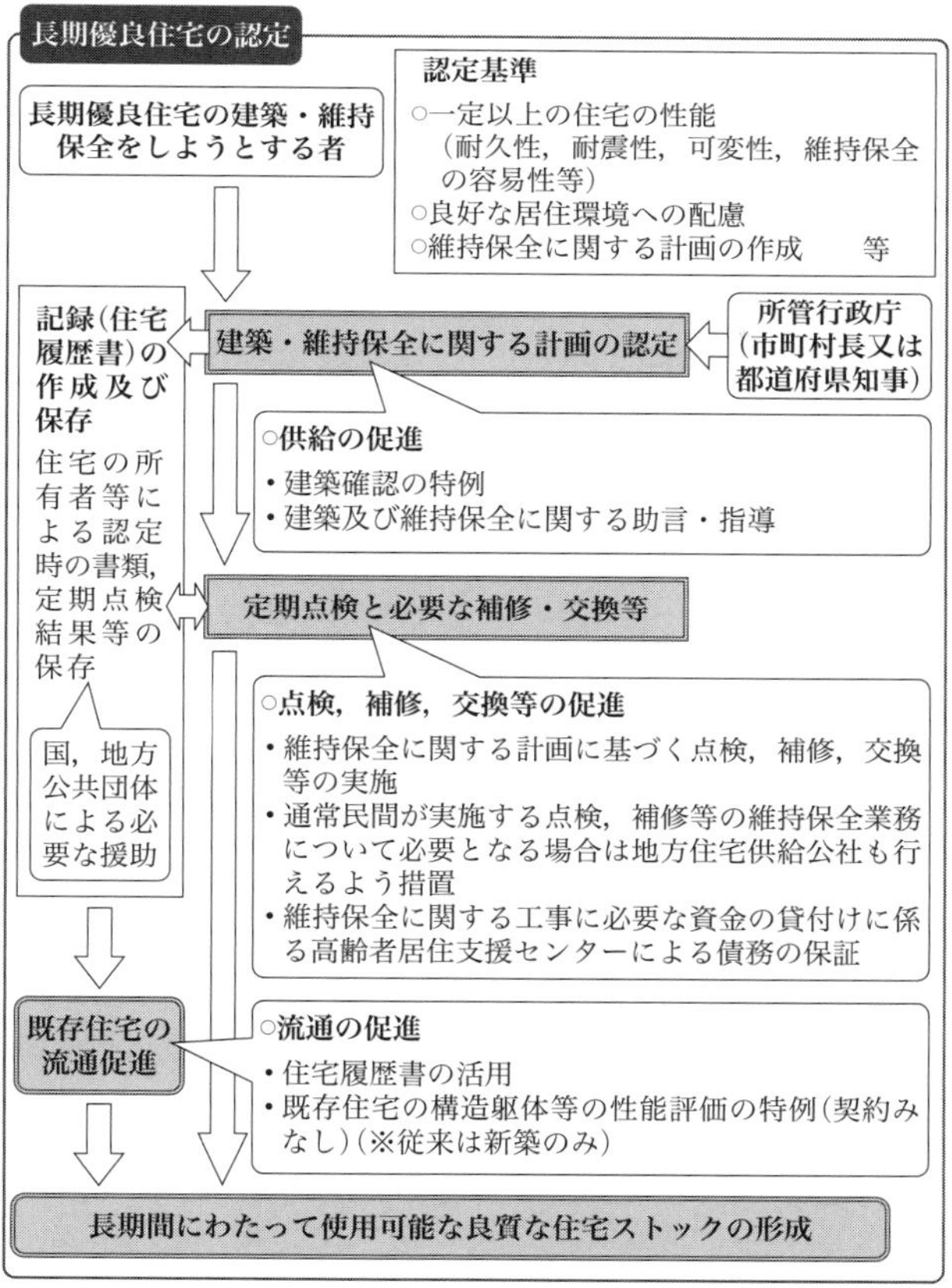

図 3-3　長期優良住宅の認定の流れ

（出所）国土交通省「社会資本整備審議会第 20 回住宅宅地分科会」(2008 年 12 月 8 日)の資料より作成

わたって使用していくためには、まず長期的な視点に立った良質な住宅を建てることが最重要ですが、他にも、計画的に維持管理すること、性能や維持管理の程度が適切に情報提供されること、既存住宅を流通させることも重要です。制度は、これらを認定の条件として長期優良住宅の普及を図っていきました。

この制度は、結果的には、主として木造戸建て住宅の基本性能を向上させ、その業界の近代化と合理化を促す展開となっています。木造住宅を長期優良住宅にしていく取り組みは、後継者問題や地場産材の活用、生産・販売・流通の近代化や合理化に向けて多くの課題に悩んでいた木造住宅生産体制と、その業界育成の方向に合致した形であったようです。もちろん併せて、集合住宅についても対象とされているものの、その比重は、すこぶる低いままです。国も集合住宅については、その後、いくらかの制度や基準の見直しを図りつつ普及に努めています。

その後、2011年に改定された「住生活基本計画」では、「依然耐震性能を満たさないストックが多く存在するなど未だ不十分な状況にあることに加えて、建築後相当の年数を経たマンションが増加するなど住宅ストックの適正な管理と再生が大きな課題となっている」と書かれ、「建設後相当の年数を経過したマンション等の適正な管理と維持保全、更には老朽化したマンション等の再生を進めることにより、将来世代に向けたストックの承継を目指す」ことが目標とされました。ここでは、戸建て住宅、分譲マンション、民間賃貸住宅のそれぞれについて、適切な維持管理やリフォームを促進することがうたわれ、そのための環境整備が基本的施策として位置づけられています。

しかしながら、こうした大きな政策転換となった「ストック重視」施策については、その後十分な成果を上げているとはいい難い面があります。住宅リフォームの市場規模や既存住宅の流通量は伸び悩んでいます。この間、各業界は住宅リフォームや既存住宅を活用する技術や事業の支援に精力的に取り組んできたものの、現実の住宅市場は保守的な業界の体質を反映しているのか、極めて反応が薄いように見えます。既存住宅活用型市場に転換していくためのネックは事業面だけでなく、市場環境や社会的コンセンサスに多く存しているようです。前述したように、現実の既存住宅の改修は、建築基準法や区分所有法等の制約のなか、依然としてきわめて限定的で、有用な評価につながりにくい面もあります。今後は、ストック型社会に向けた法と制度の再整備・再構築が重要であり、既存住宅の価値向上を評価する仕組みと共に、ストック再生事業の支援や住宅金融、現実的な環境整備がさらに必要です。

２０１６年に改定された「住生活基本計画」では、日本経済再生本部による「日本再興戦略２０１６」に基づいて、住宅リフォーム市場と既存住宅流通の活性化を図るべく住生活産業を

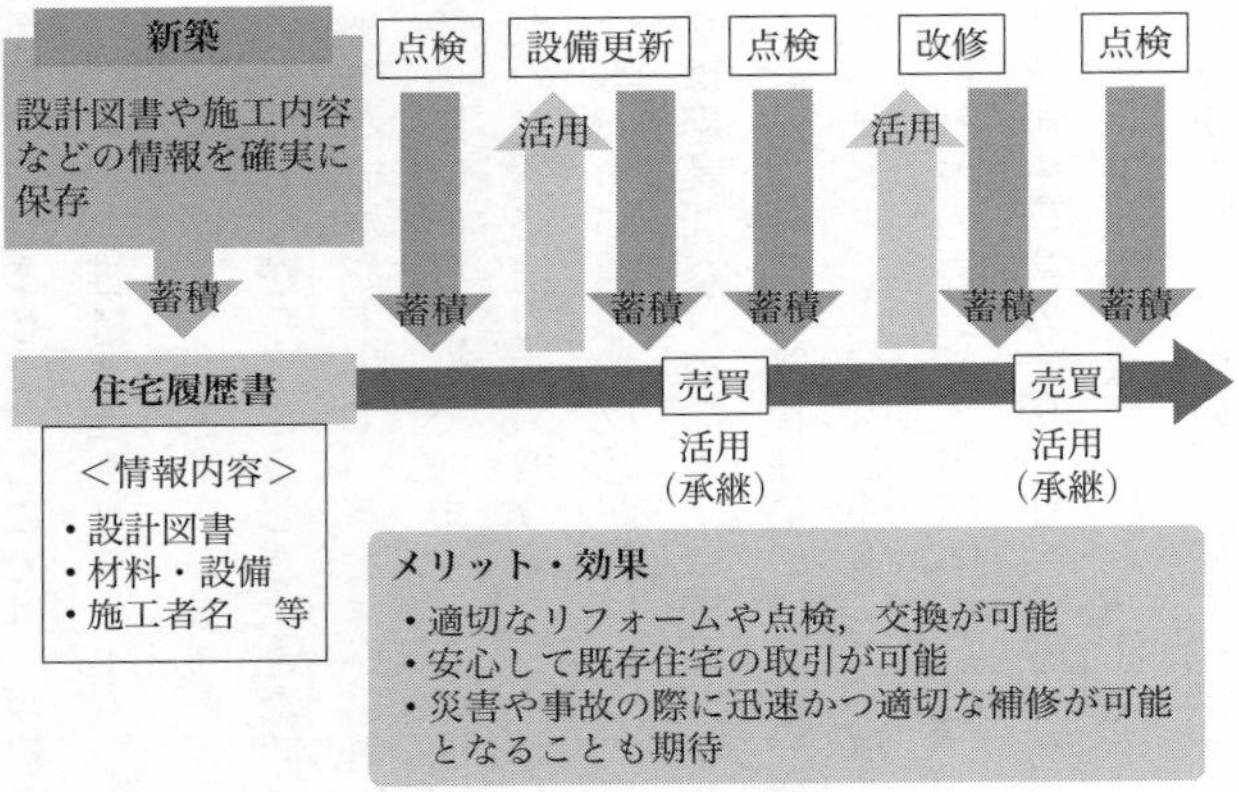

図 3-4　住宅履歴書の活用

（出所）国土交通省「住宅履歴情報整備検討委員会（ベターリビング）」(2009) 公表資料より作成

活性化する方針がうたわれました。これを受けて、リフォーム市場規模を12兆円、既存住宅流通市場規模を8兆円とするなど、従来規模を倍増することが成果指標とされました。

併せて、「住宅履歴情報システム」の整備も進められています。住宅は個人の資産であると共に社会的資産であることから、質の高い住宅を良好に維持管理するため、履歴情報をしっかりと蓄積活用し、次の所有者に引き継いでいく仕組みが志向されています。このシステムによって、円滑な住宅流通や計画的な維持管理、災害や事故の際の迅速な対応が可能となります。そうすれば住宅の新築・改修・修繕・点検時に、設計図書や施工内容等の情報が確実に蓄積され、いつでも活用できる仕組みとして、整備されることでしょう。これらの仕組みは住宅市場のデファクトスタンダードとなるよう期待されています。

この２０１６年には、既存住宅の増築・改築に関わる長期優良住宅の認定制度（「長期優良化リフォーム推進事業」）も開始されました。認定基準は、既存住宅の特性やリフォームの難易度を踏まえたものとされ、劣化対策、耐震性、省エネルギー性、維持管理容易性等の他、後述する「インスペクション（建物状況調査）」、維持保全計画、リフォーム履歴の作成などを認定項目としています。これに伴って、既存住宅の売買時に、住宅の劣化や不具合の状況について調査を行い、欠陥の有無や補修すべき箇所、その時期などを第三者が客観的に検査する「インスペクション」を普及すべく、「既存住宅インスペクションガイドライン」を整備する取り組みも展開されています。

5　待ち受ける「空き家」の「解消」問題

人口減少時代に入り、これから空き家は確実に増加することが予想されています。ストック型社会への政策転換は「つくる」仕組みから「つかう」仕組みへの転換を示していますが、

「つかう」仕組みは同時に「つかわない」、すなわち「壊す」仕組みの重要性をも示唆しています。2018年の住宅土地統計調査では、空き家数が846万戸(13・6%)となり、このうち、「賃貸用空き家」が431万戸、使い方が定まらない「その他空き家」が347万戸となっています。「その他空き家」については、老朽住宅、廃屋、所有者不明家屋などを廃棄するための仕組みをいかに確立していくかがストック対策として重要な課題となっています。

特に、空き家化することによって、防犯や防災面での課題が生じ、空き家が広がることで地域コミュニティが衰退の危機にさらされている地域もあります。更新されない空き家は、特に地方都市において深刻ですが、首都圏や都市部においても、立地条件の悪い徒歩圏外の地域や、接道条件が悪いため法的に建て替え更新が難しい場所で、多くの空き家が更新されないまま放置されています。

こうした状況に対応し、2014年4月には、355の自治体で、空き家対策条例を制定し、老朽化が著しい空き家を解体して除却する対策を行っていましたが、これは私権の制限にもつながるため限界もありました。

空き家が放置されている要因の一つとして、固定資産税の特例があげられます。住宅やアパートの敷地として利用されている住宅用地については固定資産税が軽減されます。老朽化が著しい空き家でも、建物を除却してしまうと固定資産税の特例対象から外れてしまうため、除却しない（できない）ケースが多く見られるのです。

こうした中、２０１５年に「空家等対策の推進に関する特別措置法（空家法）」が施行されました。この空家法によって、地方公共団体は空き家対策の方針を明示し、所有者調査や行政情報を活用できるようになったことは大きな意味があります。この法律のねらいの一つは、社会的に問題のある常態化した空き家を「特定空家等」と定義して、市町村がこうした空き家への立入調査を行ったり、指導、勧告、命令、行政代執行などをとれるようにすることでした。

私権への介入には慎重さが求められるため、現実には、依然、「特定空家」の指定や所有者不明資産の取り扱いには、時間と手間をかけた対応が必要ですが、急増する老朽空き家に対する着実な対策は極めて重要となってきています。

こうした老朽空き家の除却対策とともに、マンションにおいては、「建築物の解消」に対する社会的コンセンサスを確立することも重要になっています。

日本の建築関連法制度、評価、システムは、建築行為（新規）を想定して構築されており、「建築物の解消」の手続きが未整備であるため、法制度的、社会システム的に、これを円滑に進められる状況にはありません。「建築物の解消」というと、一般には解体を想定するでしょ

背景

適切な管理が行われていない空家等が防災，衛生，景観等の地域住民の生活環境に深刻な影響を及ぼしており，地域住民の生命・身体・財産の保護，生活環境の保全，空家等の活用のため対応が必要

空家等

- 市町村による空家等対策計画の策定
- 空家等の所在や所有者の調査
- 固定資産税情報の内部利用等
- データベースの整備等
- 適切な管理の促進，有効活用

特定空家等

- 措置の実施のための立入調査
- 指導→勧告→命令→代執行の措置

施策の概要

国による基本指針の策定・市町村による計画の策定等

空家等についての情報収集

空家等及びその跡地の活用

市町村による空家等及びその跡地に関する情報の提供その他これらの活用のための対策の実施

特定空家等に対する措置*

特定空家等に対しては，除却，修繕，立木竹の伐採等の措置の助言又は指導，勧告，命令が可能
さらに，要件が明確化された行政代執行の方法により強制執行が可能

財政上の措置及び税制上の措置等

図 3-5　「空家等対策の推進に関する特別措置法」の概要
(注) 公布日：2014 年 11 月 27 日
(出所) 国土交通省ホームページより作成

うが、マンションにおいては解体までに至らなくても、増築や減築、改築、模様替えといった一部の解体や変更はどう捉えればよいのでしょうか。あるいは、空間・機能を考える場合は、頻繁に生じる機能変更・機能不全や、これに対する模様替えや設備・機能の更新に対して空

間・機能の「解消」とはどのようなものと位置付ければよいのでしょうか。使用状況から見れば、使用不適となる場合や管理不全、用途変更や需要減少などが想定されます。また、空き室状況なども「解消」の概念となるようにも思います。物理的・機能的寿命が尽きても市場性がある場合は「建て替え」、機能的・市場的寿命が尽きても物理的状態が健全な場合は「用途転用」、機能的寿命、即ち陳腐化のみが進む場合は「改修・再生」、市場的寿命、即ち需要減退のみが進む場合は「需要喚起や空き家活用」などの対応が一義的に求められます。こうした状況を反映し、あらゆるパタンにおいてリセット出来ることが、いわゆる「解消」で、その後の対応を進めやすくすることには間違いありません。

2014年には「マンション建替え円滑化法」が改正され、耐震性の不足するマンションに対し、「敷地売却制度」が創設されました。これによって、修繕や建て替えが困難なマンションを一定の合意によって売却することが可能になりました。マンションが古くなるとともに、居住者の高齢化も進み、所有者不明・不在物件が多くなれば、マンションの持続自体が困難になる場合があります。こうした場合にも、解消・売却によって事業者が介入したり、他用途に転換したりできるようになりました。このことは、さらに今後増加が見込まれる管理不全・放置マンション対策にも有効となることが期待されます。しかし、この制度も適用できるのは限定的で、意思決定や手続き上の課題が指摘されています。一般のマンションにもこうした解消・売却の選択肢を広げていくための検討が今後とも必要だと思います。

分譲マンションの更新は、緊急性の高い課題です。分譲マンションは、改修も建て替えも、売却・除却も、区分所有法に基づく対応を含めて、調整がきわめて困難で、多くの時間や手続きを要し、膨大な調整コストがかかるのが実状です。しかし、分譲マンションの場合、「共有」という資産所有と居住との異なる性格を併せ持つことが柔軟な利用や活用の大きな制約となっており、その根源に区分所有法の敷地・共用部分の共有関係があるとすれば、いま、議論すべきことは、その共有関係の解消についてなのかもしれません。

6 「つかう」仕組みの確立へ

戦後の日本の住宅政策は、「つくる」ことから始まりましたが、平成期の住宅政策は、長年かけて「つかう」ことを旨とする政策へ転換していく難しさにもがいてきた歴史であるようです。現在も依然として、住宅リフォーム市場や既存住宅流通市場には、課題も山積しています。しかし、人口減少時期に入り、これらの領域の市場整備は待ったなしの状況です。

改めて、「つくる」から「つかう」への流れを総覧してみると、従来は社会全体の仕組みやシステムが「つくる」ことを核として構築されて展開されており、「つかう」ことを旨とする仕組みやシステムは必ずしも十分に浸透していませんでした。既存の住宅の更新や再生を進めるための最も大きな環境条件は、リフォームや改修のための社会システムや更新・再生の事業条件と法制度を含む事業環境を整備することであり、適正な流通市場を確立していくことだと思います。「つくる」仕組みから「つかう」仕組みへのパラダイムシフトには、さまざまな領域での転換を、同時に進めることが必要となります。「もったいない」の精神に基づいて既存の建築や空間を活かしつつ長く使うように市民の意識を転換していくことがもとめられています。そのためにも既存住宅の流通やリフォームなどの市場の取り引きやその市場情報を拡充し、その前提となるストックの資産価値の向上(適正化)など、「つかう」ための行為・行動が促進されることが重要です。さらに、こうした行為を担う人材、事業者の育成やこれを支える業界の育成・成長が不可欠で、このためにも適正なビジネス環境の整備が重要です。法制度についても、まだまだ日本では「つくる」ことに対する施策は多くみられる一方で、「つかう」ことに対する施策は少なく、制度設計や支援施策の検討が求められます。

「つかう」ことの肝となる土地や空間の活かし方の判断は、新築から増築や減築、改築、模様替えといった様々な「建築行為」による空間の価値の増価状況とその「建築行為」にかかる費用やコスト、およびこれに伴う種々の負担との関係によって決められ、その費用対効果が結果として建て替えや改築、模様替えなどの「建築行為」を方向づけることになります。

ストック社会においては「つくらない設計」「こわす設計(減築を含む)」「こわさない活かし方(価値の存続―例えば文化財や遺跡など)」についても「建築行為」として同じ土俵で検討する必要があります。こうした視点に立てば、「つくること」と「つくらないこと」、「変えること」「なおすこと」、また、「こわすこと」「のこすこと」も同様に土地や空間を有効に活かす「行為」です。したがって、建築物を解消したり、除却したりする場合も、その後も継続する土地・空間の活かし方に焦点を当て、その活かし方も併せて検討するべきだと思います。「こわすこと」や「解消」することがその後の建築行為を自由にする意味があるとすれば、それは空間の利用を直す、変えるための「建築行為」の不自由さの裏返しに過ぎません。

この様な状況を鑑みれば、今後は「つかう」「こわす」ことへ制度やシステムの移行を確実に進めつつ、こうした居住の価値や居住システムの大きなパラダイムの転換が一層重要となるように思います。

特に、分譲マンションは時代に応じた居住機能を持ち続けるために、増改築や改修、建て替えや解消にまで至るマンションの長期ビジョンを示すことが求められます。これに応じたマンションの管理・運営システム、すなわち「長期運営計画」を共有することが新しいマンション居住の途を示すことになります。このためには、マンションを取り巻く様々な制度や区分所有法の管理概念を超えて、ドラスティックな改修や用途転換など更新の取り組みが一層重要となります(コラム5参照)。

「ストック型社会」では資産の持続が時代のキーワードであることは間違いありません。住宅の資産の劣化は単純に機能劣化に起因するものではなく、様々なニーズに対応できなくなる社会的陳腐化ゆえと捉えるのが妥当でしょう。それに対抗していくには、時代やその立地に求められる種々のニーズに柔軟に対応できるようリモデリングしていくことが必要なのです。環境負荷への配慮や持続・継続する社会資産や生活価値・文化を再評価するような動きも芽生えつつあります。当面は、試行錯誤を繰り返しつつ、新たなシステムに向けて再編されていくことを期待したいと思います。

西京極大門ハイツ（提供＝西京極大門ハイツ管理組合法人）

する「隣接地の取得等に関する検討会」を設置しました．2005年には検討会答申にもとづき特別会計設置の管理規約改正案が承認（通常総会）され，2006年に特別会計運営に必要な細則及び予算措置により「環境整備積立金会計」を設置しました．財源は駐車場収入と特別会計で取得した不動産の有効活用により生じる利益で，修繕積立金会計の収入である駐車場収入10年分を特別会計に繰り出しています．特別会計の主な目的は「用地等の買取り」と「組合員に対するリバースモーゲージの実施」です．

同ハイツは，将来に備えて「リバースモーゲージ構想」も予定しています．その構想は，

①管理組合が隣接地にグループホーム（GH）を建設・開設する

②居住者がそのGHに入居する場合，その入居一時金は住宅を担保に貸付を行う

③GH入居時の家賃相当分は，住宅を第三者に賃貸し，その収入から充当する

④死亡等によりGHを退去したときに清算を行う

等となっています．

〈コラム5〉
分譲マンションの多くの課題に対応する
――西京極大門ハイツ

「西京極大門ハイツ」(京都府京都市右京区)は1976年に建てられた190戸の分譲 マンションで，94年から住民による自主管理が行われています．築45年と，日本のマンションの中では比較的高経年のものですが，マンションの魅力を保つべく様々な取り組みを行っており，新築時の1.2～1.6倍の資産価値を保っています．

西京極大門ハイツでは，建築後10年目に大規模修繕工事を行いましたが，その費用を捻出するため，様々な管理の仕組みの改善に着手しました．運営の見直しによる経費の削減，駐車場配置の工夫による駐車台数の増加，現在につながる長期修繕積立金制度の創設，不足する資金を住宅金融公庫から借り入れするための管理組合の法人化などを進め，築13年目(1988年)に第1回大規模修繕工事を実施しました．

同ハイツの運営で最も特徴的なのは，「マスタープラン」があることです．マンション管理については，一般には「長期修繕計画」が策定されています．しかし「長期修繕計画」は，建物等の劣化に対して適時適切に修繕工事等を行うために作成するもので，メンテナンス工事の内容，時期，費用などについての計画が規定され，主にマンション管理のハード面に限定した計画となることが多くなります．これに対して西京極大門ハイツの「マスタープラン」は，ソフト面を含めて定めた総合的計画になっており，「マンションの将来像を住民が共有する手段」として策定されています．

同ハイツは，2003年の京都市景観条例の強化を契機に，居住者の高齢化，建物の老朽化，建て替え等の検討を目的と

第4章

「所有」から「利用」へ

——賃貸住宅政策

1　放任されてきた賃貸住宅市場

賃貸住宅については、戦後も、ＧＨＱの方針に基づき、借地借家人の居住の権利を保護することを目的とした１９２１年の「借地法」、「借家法」および39年の「地代家賃統制令」が継続、踏襲されてきました。しかし、戦後のインフレのなか、これらの統制のために借家経営や民間賃貸住宅の供給が抑制されることになり、逆に持ち家率が急増していく結果になりました。都市部においては、戦前は7～8割が民間借家であったものが、50年頃には、50％を下回る状況になっています。その多くは、戦中・戦後の家賃統制のなかで借家経営を維持することが難しくなり、払い下げや買取り・物納によって、所有物件に転換していったことが推察されます。一方で、戦前から多く見られた木造共同賃貸住宅は変わらず残されていきました。この間、賃貸住宅における政策については公共住宅政策を除いて際立った展開は見られず、専門家の間では、民間賃貸住宅政策は戦後の住宅政策の空白領域とも言われています。

その後、持ち家政策が推進され、公共住宅の供給も進んだことで、住宅事情は大幅に改善され、1950年には、賃貸住宅の供給を促進するために、地代・家賃統制令の対象から新築住宅がはずされました。その後も幾度か地代家賃の統制内容は改正されましたが、種々の経緯を経て、地代家賃統制令は1986年に規制緩和一括法によって廃止されました。

1991年以降は生産緑地法が改正され、一部農地(市街化区域内農地)には宅地並みに課税されることになりました。並行して、住宅金融公庫の融資制度も拡充され、宅地化農地を転用した賃貸住宅が大量に供給されました。これに伴い、農業協同組合では、農住組合制度を活用した都市農地の活用が推進され、都市郊外における民間賃貸住宅の供給が促進されてきました。都市における賃貸住宅の事業環境が整わないなか、公庫融資制度や農協の種々の支援が進められた結果、都市郊外にある農地においては、低コストの軽量鉄骨造の賃貸住宅やプレハブ賃貸住宅が大量に供給されました。しかし、地域によってはその後、賃貸住宅市場が供給過剰状況となり、空き家が増加し、賃貸住宅の経営状況が悪化しているものも見られます。

これら民間賃貸住宅は、特に大都市周辺の市や地方都市の郊外に多く供給され、低家賃で狭小住宅であるため、都市内で減少してきた木造賃貸住宅などの低家賃住宅に代わる若年世帯向け住宅として定着してきました。一方で、ファミリー用賃貸住宅としては、面積水準や遮音といった居住性能の課題が浮き彫りになっている面もあり、市場のひずみを解消する状況には至っていません。

1992年に、定期借地権の規定を盛り込んだ「借地借家法」が施行されました。同法は旧借地法と旧借家法等を統合したもので、賃貸借契約における借主（借地人、借家人、店子）の保護という旧法の趣旨が引き継がれています。同法は賃貸借契約の原則を現代社会の実状に合わせて修正し、借地人及び借家人が土地建物の新所有者に対して比較的容易に自己の権利を主張できるようにしています。この法によって、民間賃貸住宅のビジネス（特に都市部）を一定程度は活性化したものの、賃貸住宅居住者の居住の安定という観点からは、同法は借地借家人の保護を弱めるものであるなどのいくらかの課題も指摘されています。

その後、「スケルトン賃貸住宅」も供給されました。「スケルトン賃貸住宅」とは、マンションなどの集合住宅で、構造や配管などの本体のみを賃貸して、間取り・内装・流し台などの設備は入居者の私有とするものです。これは、軀体と基本となる設備のみを賃貸とするため、安い賃料の設定となることや、間取りや一部に設備を自分で自由に選ぶことができ、また子どもが生まれたり、両親に介護が必要になった場合など、必要に合わせて間取りを変えやすい、ロングライフに対応できる住宅として供給されています（コラム6参照）。現在でもこれに類する住宅として「DIY住宅」(入居予定者が自分の好みに応じて住宅の内装等を改修できる住宅)などが供給されています。

さらに、サブリース(管理会社が賃貸住宅を家主から借り上げ入居者に転貸)事業や、証券化(賃貸住宅の生み出す資産を投資商品として売却して資金調達する手法)など、いくらかの事業方式が展開されているものの、対象や効果が限定的であるなど、民間賃貸住宅市場の活性化や健全化を促す大きな潮流を作る状況には至っていないようです。

2000年には借地借家法が改正されて、定期借家制度ができました。定期借家制度は、契約で定めた期間が満了することにより、賃貸借契約が更新されることなく終了するため、契約期間や収益の見通しが明確になり、家主から見れば経済合理性に則った賃貸経営が可能となります。この制度が普及することで、持ち家の賃貸化も含めて、ファミリー向けなど多様な賃貸物件の供給が促進されて、ライフステージやライフスタイルに応じたさまざまな選択肢が提供されるなどの効果が期待されます。一定期間だけ、あるいはしばらくは借家にしたいという場合に、定期借家制度は有効で、アフォーダブルな賃貸住宅の供給促進が期待されるだけでなく、居住者間のトラブルを減らして良好な居住環境を維持することも期待されます。借主から見れば、この制度は、通常の借家契約では家主からの解約などができにくいことに対して、家主の

貸に切り替わった後に「家賃相殺契約」を結び，入居者が受け取る建物譲渡金を，そのまま地主に貸与し，その返済金と家賃の一部を相殺することができます．これにより入居者は「スケルトン賃貸住宅」として低い家賃で住みつづけることができ，地主は，建物買取り時に買取り資金を準備する必要なく借地が解消できます．61 年目以降は，一般の賃貸住宅と同じ家賃水準になります．

全国で十数棟が実現していますが，定期借地権の一種であるため，長期間返ってこない借地に不安や抵抗をもつ地主もみられ，将来の相続税制が不透明なことも不安を助長しているようにみえます．

事情によって契約を終了させることができ、借主がそのデメリットがあることから、家賃相場を下げたりするなどのメリットも生まれています。しかし、この制度も、まだ認知度も低く、手続きの煩雑さがあることなどから十分に普及しているとはいいがたい状況です。

戦後、持ち家主義が継続されてきたことで、「つくる」ことを重点とした資産形成に向かい、そのことが住宅や土地の価値市場を大きく形成してきましたが、バブル経済の崩壊以後は、持ち家取得の種々のリスクを大きくしている状況もあります。それでも、高齢化が進展するなかで高齢期に備えて住

〈コラム6〉
低い家賃で住みつづける
――スケルトン賃貸住宅とつくば方式

「スケルトン賃貸住宅」を発展的に展開し，提案した仕組みにつくば方式(小林秀樹発案)があります．つくば方式とは，定期借地権のひとつである「建物譲渡特約付借地権」を活用・応用し，そこに100年ほど持つような耐久性の高い「スケルトン住宅」を建てる住宅を共有する方式(コーポラティブ方式の集合住宅)です．初めて事業化されたのがつくば市(茨城県)だったので，この名で呼ばれていますが，「スケルトン定借」ともいわれています．

インフィル(内装・設備)は入居者の希望どおりに仕上げられ，当初の30年間は低負担で住み続けることができます．31年目以降は，地主が建物譲渡特約を実行することで借地権が消滅し，地主が建物を買取ります．入居者は，買取ってもらった費用を得てマンションを退去してもいいですし，賃

つくば方式1号(茨城県つくば研究学園都市，1996年，提供＝小林秀樹)

宅によって資産を形成しようとする人々の意欲は依然根強いものがあります。

一方、賃貸住宅を志向するには「つかう」ことを重点とした住宅の使用価値による市場の形成が求められますが、これは、前述のように、民間賃貸住宅の市場が住宅政策の片隅に追いやられ、放任されている中では、十分に醸成されていない状況です。このことが住宅政策における「所有」から「利用」への転換が遅々として進まない遠因となっているように見えます。

2　一気に推進された市場化

1980年代後半のバブル経済期には、大都市部の地価が高騰し、地上げなどにより住宅が駆逐されていく状況でした。都内に住居を確保するため、都は「優良民間賃貸住宅(優良民賃・都民住宅)制度」を、国は中堅所得者向け公共賃貸住宅として「特定優良賃貸住宅(特優賃)制度」(1993年)を制定し、建設費を補助するなどによって購入可能な住宅を供給しようとしていました。

特優賃制度は、前述したように、その後展開する民間住宅を活用したセーフティネットのツールとしても期待されました。しかし、結果的には戦後から引き続く民間賃貸住宅業界の前近代的体質などを背景に、空き室率の上昇を招き、経営を悪化させるなど種々の問題を顕在化させて、バブル後の賃貸住宅市場に大きな影を落としただけとなりました。賃貸住宅政策は日本の戦後の住宅政策の中で最も遅れていた領域であり、それまでの政策の欠如から地域ごとの市場の逸脱状況に対応できず、その結果としての賃貸住宅市場はその後も地域ごとに様々な歪みを生じてきています。

１９９０年代半ば以降は、住宅政策は低成長経済に対応するため大きな転換を余儀なくされ、市場化に舵を切っていきました。前述の93年の特優賃制度につづいて、96年には公営住宅法が改正され、収入基準が切り下げられて、応能応益家賃や公営住宅の借上げ・買取り制度が創設されました。99年には都市基盤整備公団が分譲住宅から撤退し、２００１年には高齢者居住法制定による高優賃の法定事業化や特殊法人等整理合理化計画などが作成されて、矢継ぎ早に改革が進められてきました。

２００５年9月には、これまでの方向を集約する形で社会資本整備審議会答申「新たな住宅政策に対応した制度的枠組みについて」がまとめられ、少子高齢社会・人口減少社会に向けた今後の住宅政策や公共住宅の新しい枠組みが示されました。ここでは「市場重視」「ストック重視」の政策理念が打ち出され、公共住宅はセーフティネットを担う政策事業に役割を集約していくことが示されています。これからの政策の原則はあくまでも「住宅の市場化」で、民間の住宅供給などの市場条件を整備しつつ、適正な民間賃貸住宅市場を育成することが主とされ、直接供給となる公共住宅はスリム化されて重点化されていくこととなります。

従来は成長経済を前提として土地の資産価値に立脚した物的供給政策がとられてきましたが、安定・低成長経済下では、汎用性と柔軟性を備えた使用価値が評価されるべきで、そのためには住宅の管理や流通のプロセスを含めた市場環境全体を対象とする政策へのパラダイムの転換が必要です。すなわち、安定成長・ストック型社会の住宅の供給・流通は、汎用性・選択性・流動性の高い市場、とりわけ賃貸住宅市場とリフォーム市場、および既存住宅の流通市場の育成が肝要といえます。

住み手側のライフステージやライフスタイルに応じた住宅選択の自由を確保することを基本に考えた場合、住宅は、①市場を通じて循環・流通する商品であり、また、②重要な社会的資産であること、を前提とすべきです。

まず、①の商品性については、住宅の資産価値を長期にわたって維持すること。また、維持管理状態の良否、すなわち利用価値を適正に評価して情報開示することが必要です。さらにはその質的評価を踏まえた適切な価格や家賃の設定が行える仕組みを作り上げることによって、住宅の資産価値や利用価値が維持され、かつその価値に応じて売買または賃貸できることも重要です。

また、②の社会的資産性については、住宅単体について、その資産価値が持続するように、ストックの建て替えやリフォームによって質を向上させたり新築住宅の質的向上を目指す投資を戦略的に誘導したりすることが必要です。また、住宅単体の価値に加え、市街地全体としての安全性や景観の質を高め、居住地のコミュニティの形成や利便性など住環境全体を住宅の価値としてとらえていくことが求められます。そして、これらの外部経済効果を有する住環境の向上に向けた投資が十分に行われるように促進していくことも重要です。

このような考え方の下、答申では基本的な施策として「民間賃貸住宅について、合理的かつ適正な維持管理を促進するための仕組みづくりを進める」ことを掲げて、住宅を「資産価値」から「利用価値」へとシフトしていくことを示唆しています。

しかし、この時期の賃貸住宅市場は多くの歪みや未整備状況を呈していました。民間賃貸住宅については、持ち家に比べてバリアフリー化が遅れていたり、耐震性に劣るストックが多いなど、品質面での課題が山積していました。また、敷金の返還や退去時の原状回復義務をめぐり、従来から紛争が絶え間なく生じ、滞納や明渡しに関するトラブルなども社会的に大きく注目を浴びるなどの課題も多くみられています。

特優賃後の賃貸住宅市場は、相続税対策などを契機として、郊外型の木造や軽量鉄骨の賃貸アパートやプレハブ賃貸アパートの供給が拡大してきました。当時の調査によれば、家主には個人オーナーが圧倒的に多かったことが指摘されています(8〜9割)。かつ、これらのオーナーの6割が60歳以上の高齢者でした。特に、バブル期以降の民間賃貸住宅は土地活用型が多くなっています。そういったオーナーの場合、賃貸住宅の運営はサブリースや管理委託されることが多く、資産運営や資産の持続に向けた維持修繕の取り組みは十分とはいえないものが多くみられ、このことは蓋然的に賃貸住宅の事業・管理体制の脆弱性に繋がっているようにみえます。

3　空き家問題と不適切事業

都市部・郊外における空き家の増加は、今後、住宅の諸事情に大きな変化をもたらすこととなります。

くり返しになりますが、2018年の住宅土地統計調査では、空き家数が846万戸(13・

6%)となり、このうち、賃貸用空き家が431万戸を占めています。賃貸住宅に絞ってみれば、賃貸住宅における定常的にみられる空き家率は約2割です。空き家はその利用想定の多くが賃貸住宅であることから、賃貸住宅における需給構造や事業・管理に大きく影響し、今後の空き家問題の主な課題は賃貸住宅市場の問題として捉える必要があります。この市場システム上の対応なくして根源的に解決できない課題です。

一つには、民間賃貸住宅の品質が低いことです。1960年代以降、民間賃貸住宅は住宅総戸数と共に増加してきており、現在に至るまで一貫して総戸数の24~29%で推移しています。この間、持ち家の平均延べ床面積は90平方メートル程度から122平方メートル程度と欧州水準にまで向上していますが、民間賃貸住宅は低水準状態(35平方メートル程度)が十分に解消されず、現在も45平方メートル程度です。民間賃貸住宅は依然木造賃貸、鉄骨賃貸住宅も多く、バリアフリーや省エネルギーなどの性能面やメンテナンスなどの管理状況についても十分とはいえないものが多く存在しています。特に、都市部ではファミリー向け賃貸住宅が大幅に不足しています。

二つには、民間賃貸住宅の事業経営にかかわる問題です。民間賃貸住宅の家賃は、従来から設定されていた家賃(継続家賃)に影響され、時代に合った更新ができにくい面もあって事業性が十分に反映されにくい面があります。既往調査に見られるように、事業面から見ると、構造などによる市場家賃の差はさほど見られず、低コストの構造(木造、軽量鉄骨造)ほど利回りが高く、また、ワンルームなどの狭小住宅ほど利回りが高いことが分かっています。すなわち事業経営面からみると、家賃のメカニズムによって適正規模の住宅や耐火構造、高水準・高性能の賃貸住宅は供給されにくい状況があるようです。

三つには、民間賃貸住宅の事業・管理体制、体質がいずれも脆弱で、賃貸事業が非ビジネス的なことです。現在の賃貸住宅事業は新たに土地を購入してまで行う場合は経営が成立しないといわれています。都市部の不動産ビジネスは比較的地価負担力の高い駐車場経営か非住宅建築物に向かう場合が多く、結果として、都市部の賃貸住宅は高家賃の住宅に限定され、需要は高齢資産層に一層偏在していくことになっています。そうでない賃貸住宅の実態を見ると、相続税対策や老後に向けての余剰資産活用に根拠を置くものが多いため、オーナーは事業経営感覚に乏しく、事業・管理体制、体質が脆弱です。このため、マーケットメカニズムが働きにくいのが特徴とも言えます。このことが、賃貸住宅の社会性に照らした適正な運営を阻み、資産保持のための維持管理をし、改修に向けて投資をしていくような意欲を抑制してしまっている面もあるようです。

空き家を含む賃貸住宅市場が健全に機能するためには、既存住宅のストックに対する需要が顕在化して、賃貸事業者が賃貸住宅の経営を継続していくことを促進し、これに向けた業界支援を拡充していくことが期待されます。その基本は、賃貸住宅の資産性を持続させ、事業経営の効率化を図ることであり、たとえオーナーにとってのきっかけが節税対策等であっても、まずは資産運営意識をオーナー、管理者などが共有していくことが重要です。

また、賃貸住宅の定常的にみられる空き家のうち約4割は半年で流通しますが、逆に約4割は1年以上の長期の空き状況になっており、賃貸空き家は流通促進を図ることが出来るものと難しいものに二極化しているように見えます。資産運営の一環としては、空き家改修の取り組みもあり、改修して再賃貸事業として成果を上げている事例も見られます。一般に、民間賃貸事業においては前述した経営体制の状況から、多くは大幅な改修投資が行われにくい状況です。空き家の流通を促進していくためには賃貸住宅の改修意欲、管理意欲を高める工夫や事業・管理代行などの仕組みが重要で、これらに総合的に取り組むための行政・業界の対応が必要です。

2019年に社会問題となった「レオパレス問題(施工不良による違法建築問題と契約トラブル)」や「大和ハウス問題(防火基準、独立基礎等の建築基準法との不適合)」についても民間賃貸住宅市場の未整備状況に起因しているとも言えます。現実の民間賃貸住宅市場は適正なビジネス環境として構築されていない状況で、結果として、大手賃貸事業者を含めて、不適切な住宅事業やサブリース事業に繋がっている蓋然性が高いように見えます。賃貸住宅ビジネスは、高度成長期およびバブル期の高金利政策の状況から脱皮できないまま、短期資金回収のビジネス理念が持続しており、依然として利回り主義が強く、長期に資金を回収するストック型社会に適したビジネスに投資する状況はほとんど見られていません。

まず、住宅供給事業者や流通事業者、消費者等の市場プレイヤーの自律的取り組みを促し、賃貸住宅事業の合理性と社会性を備えた適正なサブリース事業などの制度規律を確立することが求められます。同時に、業界として、種々の市場情報を公開して、これに基づく種々のチェック機能やコントロールが働くようにすることも重要です。かつ、こうした住宅市場において想定されうる事業の種々のリスクに対応するための保険や事業環境を整備するための支援や柔軟な運用に配慮することも重要です。

4　新しい賃貸住宅事業の萌芽

2000年以降、国や業界は、賃貸住宅ビジネスの健全化を目指し、専門的ビジネス感覚を導入すべくサブリース事業・管理受託事業を拡充してきましたが、これ自体が不適切ビジネスの温床とみられることもあるようです。最近では、サブリース事業の多くはREIT案件（投資商品として売却して投資家から資金調達する手法）で、投資用住宅として展開するものが多くみられ、その需要に応じた狭小物件が増加する要因ともなっています。また、現実の多くの賃貸住宅で、専門管理業者によって管理受託事業やサブリース事業が展開されているものの、明快な業界ルールに乏しく、玉石混交の状況となっているようにみえます。

こうした中、業界の保守的体質への問題意識が徐々に強くなり、空き家対策や若年世帯向けのシェアハウス、住戸リニューアル、デュアルハウジング（二住宅居住）などを手掛かりにした新しい賃貸住宅ビジネスを志向する企業も出現してきています。具体的には、老朽住宅を買取ってリニューアルして賃貸事業を行う方式や、空き家・空き室を借り上げ、リフォームを実施して収益を分配するサブリース方式、また、シェアハウス等への改修設計・企画とその運営管理を受託する事業など、従来の賃貸住宅供給とは異なる供給ルートを開拓する事業もみられます。

これらは単なる旧来型の賃貸事業にとどまらず、新しいビジネスチャンスとして①住宅の保守、メンテナンス等の管理ビジネス、②リフォームや住宅としての資産活用、③住宅のあっせん・流通支援、④居住支援サービス・生活支援サービス、などを組み合わせた新しい総合的居住ビジネスとしての取り組みともいえます。セキュリティーやまちの管理に敷衍すれば地域活性ビジネスや地方創生活動にまで展開することになります。さらに、業界領域を超えた民泊ビジネスやサブスクリプション型の居住ビジネス(住宅を定めない定額居住契約)など、試行的アイディアは拡散気味にもみえます。

これらの話題性のある取り組みは、賃貸ビジネス意欲を大きく喚起しつつあります。マーケティングとしても、居住者のニーズに対応した居住関連の総合的サービス供給は、需要を喚起していく大きな要素です。リフォーム工事を前提とした賃貸住宅供給および賃貸住宅管理ビジネスは、事業者にとっても一定の合理性をもって進められています。

2010年以降、人口減少時代を迎え、住宅需要の主となる世代は1981年以降に生まれたミレニアル世代となってきました。この世代は団塊・団塊ジュニアなどの前世代に対して所有欲が弱く、資産保有に関する意欲も低いといわれています。こうした世代は、資産の活用が難しい住宅余剰時代に入って、持ち家の保有における優位性も乏しいことも背景となり、なおさら前世代に比べて借家志向が強くなっています。

この世代に注目すると、住宅について従来の「所有」による資産性の持つ価値から「利用」

による生活の豊かさの価値への意識のシフトが垣間見えます。それゆえ、こうした賃貸住宅管理を中心とした総合的居住支援の在り方に、今後の賃貸住宅ビジネスの未来が透けてみえるように思います。

しかし、これらの動向については、いくらかの課題も指摘されます。特に、賃貸住宅ビジネスと他の居住支援サービスや生活サービスの事業の組み合わせに関しては「セット販売の適正性」(独禁法)が問われることもあるようです。本来、可分されて市場競争によって供給される財やサービスが抱き合わせて不当に供給されることが危惧されます。賃貸住宅事業とそれに付帯する生活サービスとの不可分性や各種サービスの市場性に十分に配慮することが重要です。また、サービスの利用契約と賃貸借契約との関係、特に借地借家法上の取扱い等にも留意しておく必要があります。不適切な業務展開は、新しい動向のブレーキになりかねません。

2020年にはこうした賃貸借関係を適正化すべく、民法の改正が施行され、連帯保証人や修繕、原状回復や敷金返還などのルールが明確にされました。このことによって、これまで慣例的に貸主優位に進められていた賃貸借関係について借家人と貸主との公正・対等な契約関係が担保されることになります。同年にはサブリース事業規制に向けて「賃貸住宅の管理業務等の適正化に関する法律(サブリース新法)」も成立しています。こうした動向によって、ようやく賃貸住宅市場ビジネスの健全化と合理化が進むことが期待されます。

5　人生100年時代の賃貸住宅政策へ

くり返しになりますが、戦後の日本の住宅政策は、持ち家主義を掲げて、資産所有を目指した政策展開を続けてきました。しかし、近年は、社会経済状況が変化するなか、利用価値を重視して、「所有」より「利用」を旨とする価値意識の転換に向けて政策を転換しています。人口減少時期に入り、市場の整備は待ったなしで進めなければならない状況です。にもかかわらず、依然として、遅々として進んでいない状況に見えます。

人生100年時代を迎え、「利用価値」を旨とする仕組みやシステムはますます重要となるように思います。1980年代から高齢化対応は住宅政策の重要課題になり、「人生80年時代の住宅すごろく」は描かれていましたが、これは「人生60年時代の住宅すごろく」に老後生活を20年ほど足しただけのものでした。「人生60年時代の住宅すごろく」は、若年期における賃貸住宅居住を経て、中年熟年期には持ち家を取得し、その後庭付き一戸建て住宅を取得して人生を全うするというシナリオを描いていました。そこには、当時の年功序列的な所得拡大や成長経済を前提とした人々の持ち家志向が反映され、住宅資産の保有による豊かさの獲得が「夢」として語られていました。しかし、その後の長寿社会には、住宅取得後の長い老後への対応に向けて、老人ホームを含む老後の多様な居住が描かれ、取得された住宅を前提に、住宅の資産価値を持続させ、その活用によって老後の人生を全うする、新しいシナリオが付加されてきました。併せて、低成長時代に入り、晩婚化が進み、単身中高年者が増加し、持ち家取得が困難になるにしたがって、住宅すごろくは大きく変容したといわれています。とはいえ、高齢期の社会保障への不安からも住宅資産形成への希求は大きく、このための住宅の「資産化」や資産の活用は老後居住の重要な手段でありつづけてきたともいえます。２０００年以降の住宅政策の一つの力点がこうした資産維持や資産増価の取り組みにあったとみることも出来ます。

しかし、人生１００年時代の長期の住宅すごろくを考える場合には、従前すごろくの延長では限界があるように思います。さらなる超高齢社会の進展により、社会保障は一層厳しい状況になり、自力による資産の保有・活用は、格差の増大を助長する面も予想され、老後は社会全体で居住を支える仕組みが求められることになります。ここに「利用価値」を旨とした居住のシステムへのドラスティックな転換が求められる状況があります。

このため、老後の様々な居住サービスに柔軟に対応できる資金を確保することを想定して

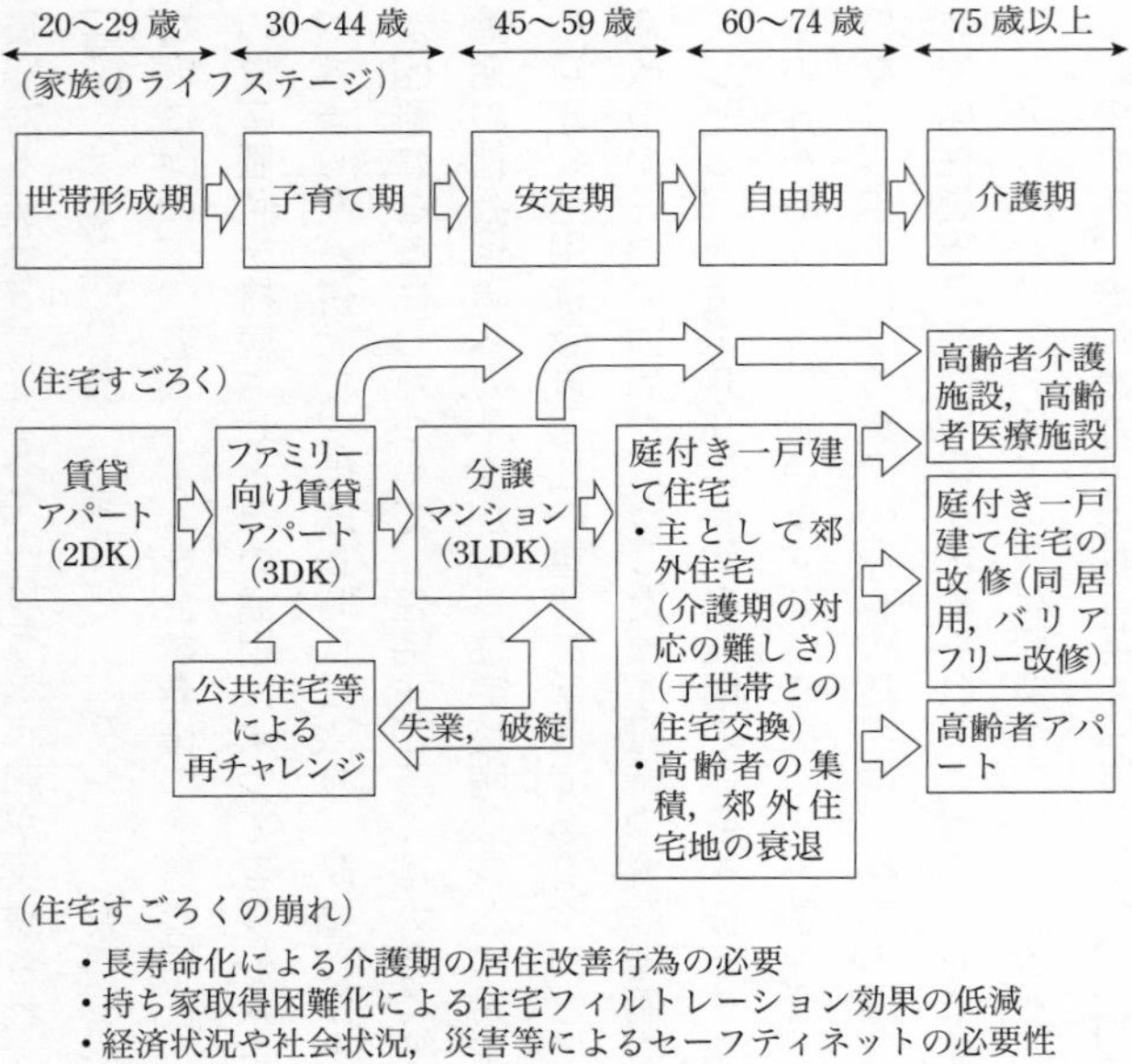

図 4-1　ライフステージと住宅すごろく
（出所）筆者作成

若・中年期から賃貸住宅に居住することが有効性を発揮する場合が多くなると考えられます。若・中年期に老後の資産形成に向けて投資してきた従来の住宅取得システムではなく、老後に向けて計画的に資金を保有していくことが必要になります。こうした社会全体で支え、無理なく賄える賃貸住宅の市場を整備し、常に利用性を前提に居住空間と居住サービスを考えることが重要です。

　賃貸住宅は、地域社会にとっての貴重な社会的財でもあり、地域の資産です。高度成長期を経て、居住構造が大きく転換し、大都市から地方まで様々な居住地の構造が生じてきましたが、現在はいずれの地域においても、安定した地域の居住の受け皿となる賃貸住宅は地域内の居住循環にとって不可欠な要素といえます。

「所有」から「利用」への流れは、戦後に資産形成を手段とした豊かさの獲得が共通の目標とされてきた時代から様々な豊かさを求める時代に変わる中、必然的に生じてきた変化ともいえ、地域の生活価値の向上や豊かさの実現につながるまちづくりの視点への行動変容が起きているといえます。このためにも、地域内の居住の循環に不可欠な資源として賃貸住宅が求められ、サスティナブルな地域社会の構築に向けて社会が賃貸住宅市場を支える仕組みが重要なのです。

特に、賃貸住宅ビジネスを長期に運営していくことは、賃貸住宅の供給にとどまらず、住宅の診断、保守、メンテナンス等の管理ビジネスや居住支援や居住管理にビジネスの主要な要素を移していくことに他なりません。このことによって地域の活力を持続させ、居住循環を実現する役割を持つとともに、良質かつアフォーダブルな賃貸住宅を実現できることにもなります。

例えば、神奈川県湘南地区に「まちとシェアする賃貸住宅」というコンセプトで展開している事業があります。これは単なる賃貸事業ではなく、地域の人、入居者、職人といった全ての

写真4-1　稜文館（まちとシェアする賃貸住宅）（神奈川県大磯町）
（出所）公益社団法人 全国宅地建物取引業協会連合会・公益社団法人 全国宅地建物取引業保証協会編集・発行「平成30年度 空き家対策等地域守りに関する調査研究報告書」（2019年3月）より

ステークホルダーをつなげることによって、その地域の価値を高める事業です。最初は賃貸に住み、子どもが生まれて大きくなった時に、その地域にコミュニティが形成されていて顔見知りがたくさんいれば、そこで家を買おうと思います。そして、子どもたちはそこで出会った友達や近所の人がやがて思い出になり、そこが故郷になることを想定しています。

そのような循環を作るために、これから必要になってくるのが資金調達で、まちづくりに共感した地域の人が、地域の価値を高めるために小口の金額を投資することなのです。必要ならばイベントなどにも積極的に参加し、その結果地域の価値が上がれば、投資した物件から家賃収入が入り、自分たちに配当されます。そこでの暮らしを豊かにすることで物件の魅力を高めれば、物件の価値が上がります。このような循環を、金融機関とではなく、考え方に共感してくれる地域の人たちと共に作り上げ、地域の人に還元し、地域の中で、コミュニティのつながりと資金のつながりができるようにするイメージです。

２０２０年にサブリース事業の規制を明確にする「サブリース新法」が施行されることとなりましたが、サブリース事業の一つの意味は、住宅管理の専門業であるサブリーサーによる賃貸住宅や空き家、老朽ストックの長期運営・活用の促進です。このことによって、新築に比して家賃の安い住宅の供給が期待されます。また、同法によって管理ビジネスが適正化していくことが期待されます。そうすれば、賃貸住宅はより長期の経営資産となり、長期の事業融資の可能性も高まり、合わせて利用価値も持続されるでしょう。賃貸住宅事業は、長期運営のリスクと向き合う点から社会貢献的でもあります。したがって、これらを成立させる社会システムやこうした社会貢献事業に対する金融システム等の支援も重要です。すなわち、地域の賃貸住宅市場の健全な発展と地域全体で賃貸市場を支える仕組みによって、豊かに居住循環できる地域社会を創ることとなるのです。

第5章 「住まい」から「暮らし」へ
——セーフティネット政策

1　住宅困窮世帯対応からセーフティネット対応へ

戦後の住宅政策は、戦災による大量の住宅不足に対応する「住宅困窮対策」として建築行政がこれを担ってきました。公共賃貸住宅を直接建設し、所得階層別に賃貸住宅を供給することを基本的な枠組みとしてきました。なかでも、特に公営住宅は、法の目的に示されるように、住宅に困窮する低額所得者対策として供給されてきました。これは憲法第25条に示される「居住権」保障の役割を担うもので、社会政策的色彩がみられます。

経済成長期においても、住宅政策の課題である住宅困窮の主要因は経済状況にあるとして、公共賃貸住宅は、政策展開の主要な駒として位置づけられ続けてきました。

経済成長の続く１９５９年には、公営住宅法が改正され、低額所得者のための住宅政策の一環として、著しく収入の低い者には家賃をさらに減額して入居できる減免制度が導入されました。一方で、公正性に鑑み、公営住宅入居者の収入が増加した場合には割り増し賃料を徴収できることとしました。また、60年代には、福祉的対応として、老人世帯向け、障害者向け、母子世帯向けなど、その規模・構造ごとに助成を強化したり、優先入居などの措置をした「特定目的公営住宅」の建設を行う施策も講じられました。

１９７０年代には総住宅数が総世帯数を上回って、住宅政策の主要課題は住宅不足への対応から居住水準の向上に移ってきました。それでも適正な水準の住宅は不足しているという考え方に基づいて、住宅困窮対策と公共賃貸住宅の建設は一体的に取り組まれてきました。しかし、公共賃貸住宅の役割は時代により徐々に変容しており、住宅政策の主要な課題である住宅困窮の諸相も大きく変わりつつあります。

高齢社会に移行しつつあった１９８０年には、公営住宅法の改正によって、単身世帯については高齢者、身体障害者、生活保護受給者などに、公営住宅への入居が認められました。従来、公営住宅の入居には同居親族があることが必要とされてきましたが、調査結果から、単身世帯が大幅に増加し、公営住宅の応募倍率も低下してきているといった住宅事情の変化がみられたためです。これらの状況を勘案して、単身世帯のうち、特に高齢単身世帯など、居住の安定を図る必要がある者に限って入居の途を開いたのです。その後、公営住宅の優先入居制度を拡充し、母子世帯やＤＶ被害者等にも住宅困窮対策の対象枠を拡大しています。

また、1980年代には、住宅困窮状況は都市部と地方とで違いが大きくなり、地方部での公営住宅政策は、住宅困窮対応に加え、経済政策・産業政策・文化政策など、多面的な役割を担わされてきた面があります。さらに、近年では、これに社会福祉政策の意味合いも加わってきたとみることもできるでしょう。このことは言い換えれば、地域の住宅政策は、公営住宅政策以外の有効なツールを持たないまま、ひたすら公営住宅の供給にその多くの役割を押し付け、依存し続けてきたことの表れでもあります。

1980年半ば以降、住宅市場の活況とバブル景気の影響を受けて、公共賃貸住宅は、もはや居住の質や性能の向上に向けた効果的な政策とはなりえない状況となっていました。こうして住宅政策は徐々に構造改革の波に晒され、その役割は実態として変容してきたのです。

その後、社会福祉政策としての住宅政策には、「住宅セーフティネット」という概念が使われるようになってきました。政府の審議会等においても、1998年の住宅宅地審議会住宅部会基本問題小委員会で、「今後の賃貸住宅政策の方向について」の中で「社会のセーフティネットとして公営住宅等低所得者向けの充実が不可欠」という表現が登場し、この時、初めて公共住宅の役割として「セーフティネット」という文言が使われました。住宅政策が市場の活用にシフトしていくに伴い、セーフティネット政策は、市場の健全化を下支えするため、市場化に伴う救貧対策を示すものとなり、時代状況を照らした「居住政策」の一つの考え方として認識されるようになってきました。

2 住宅市場全体で支える

１９９０年代半ば以降は、住宅政策は低成長経済に対応するため大きな転換を余儀なくされ、さらに、世界的潮流に呼応して徐々に「小さな政府」論を基調とした市場政策へと舵を切りました。その結果として、都市基盤整備公団や住宅金融公庫が改組され、三位一体改革（補助金、税源移譲、地方交付税の一体的見直し）に伴う公営住宅事業の改革などの抜本的改革が進んできました。けれども、こうした住宅政策の論議をより丁寧にみると、従来の「小さな政府」対「大きな政府」という二極論議の対立的見方は必ずしも妥当ではないように思います。特に、住宅市場は依然、未成熟の状況にあり、市場に様々なひずみが内在し、住宅については市場原理だけでは住宅の質を維持向上する機能を十分に果たすことが難しいのが実状です。このため、住宅政策に関しては市場依存か行政依存かという単純な対立的な議論から脱皮し、市場の健全化に向けたチェック、コントロールを重点としつつも、公共投資を効率化して、未成熟な市場を

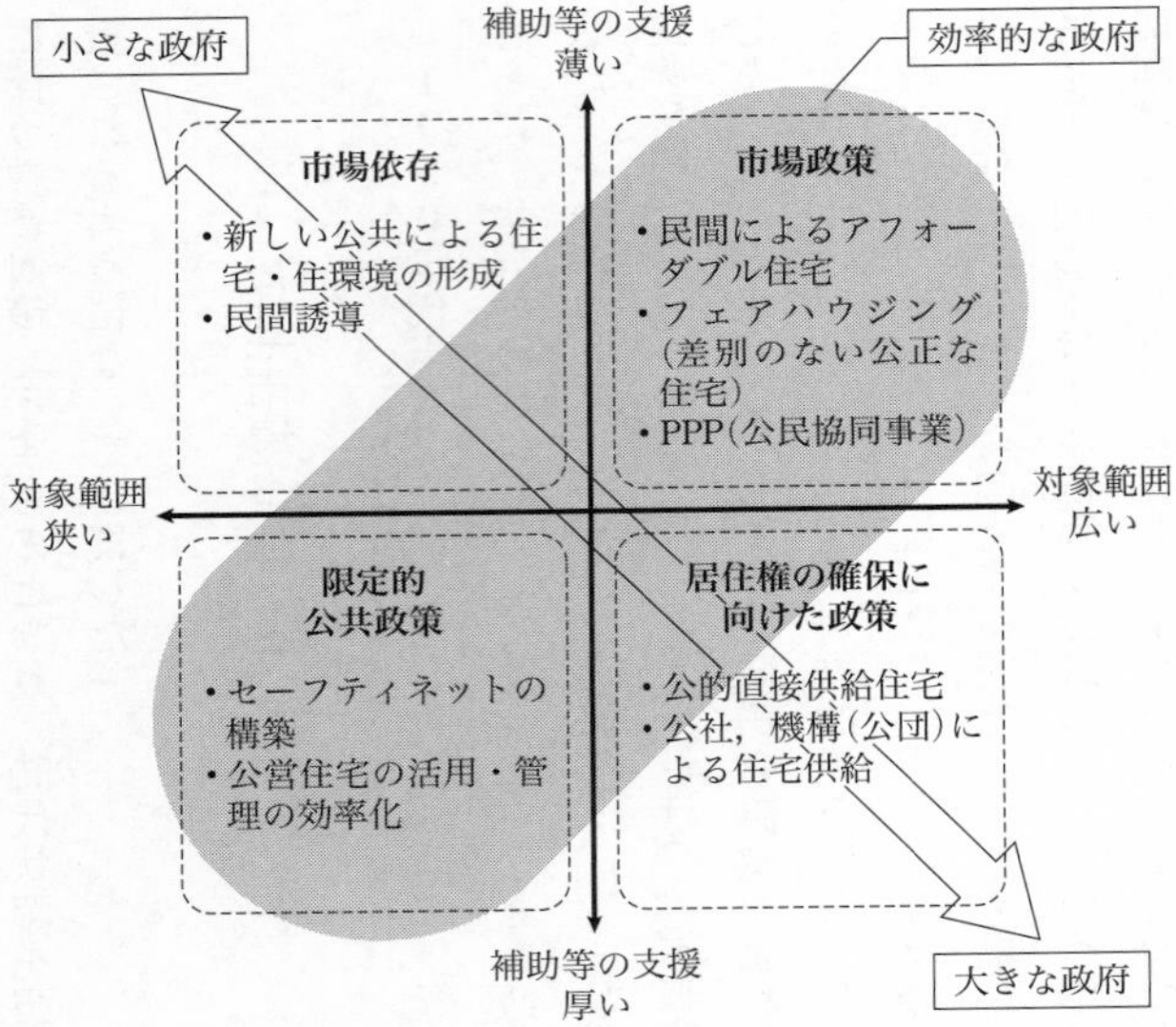

図 5-1　住宅政策をめぐるマトリックス
（出所）筆者作成

育成したり活用したりしていくための多面的な政策を展開していくことが重要で、市場のセーフティネットもこうした文脈で考えることが肝要でしょう。

住宅市場のひずみや市場化の遅れが新たな居住の貧困を生みだしており、これがセーフティネットの重層化や多様化が必要となる要因となっている面もあります。すなわち、セーフティネットとしては従来の公営住宅や公共賃貸住宅だけでなく、市場を活用した民間住宅による対応が重要となってきているのです。地域の市場や需要状況などに照らして、市場政策全体を視野に、様々な公共施策を効率的に組み合わせ、連携していく取り組みが肝要です。

2005年9月には「新たな住宅政策に対応した制度的枠組みについて」(国土交通省社会資本整備審議会)という答申が出されて、これからの政策の原則が示されました。そこでは、民間住宅供給などの市場条件を整備しつつ、適正な住宅市場を育成することを主として、直接供給となる公共住宅はスリム化、重点化していくことが示されています。しかし、このことは一概に公共政策の縮小を意味するのではなく、地方公共団体が公共住宅一辺倒の政策から脱し、多様かつ総合的な住宅市場政策を展開して、住宅市場全体を視野に公共政策を進めていく方針とみるべきです。すなわち、「住宅市場化」を「居住福祉」に対立する概念としてとらえるのではなく、むしろ住宅政策のバックボーンとして考えるべきでしょう。「住宅市場政策」は健全な市場メカニズムの下、適正な取引によって住宅の取得・確保が出来る市場状態を構築することが基本ですが、これと共に市場のセーフティネットを構成するための制度・政策の構築の両輪によって展開するものです。

「住宅市場の健全化」とは、住宅の市場のひずみを是正し、適正に市場活動が行われるよう市場の整備がなされること(市場の誘導)といえます。具体的には持ち家・借家の政策格差や賃貸市場の未成熟状況、中古、リフォーム市場のひずみなどの現状に対し、持ち家取得能力を向上させる政策や賃貸事業環境を整備し、市場家賃を適正化すること、および中古住宅などの価格査定や資産価値評価を適正化することといった取り組みが想定されています。しかし、こうした取り組みが適正に行われるためには、供給事業者や流通事業者、消費者などの市場プレイヤーの自律的な取り組みや種々の市場情報の公開が前提となります。そのためには、市場の種々のチェック機能やコントロールが極めて重要であり、特に事業者のモラルハザードの問題への対応などが必要です。だからこそ、住宅政策の市場化と住宅セーフティネットは相互補完的関係を持ったものとして捉える必要があります。

経済学者の金子勝は「市場競争の世界には、信頼や協力の制度が奥深く埋め込まれており、相互信頼を前提とする「協力の領域」があってはじめて「市場の領域」もうまく働くのである。この信頼や協力の制度に当たるのが、リスクを社会全体でシェアする(分かち合う)セーフティーネットである」と論じています(『セーフティーネットの政治経済学』)。活力ある市場活動が展開されるためには市場社会の外にセーフティネットが張られていることが肝要で、これにより安心して市場競争に参加でき、このことが適正な市場活動を促進することとなります。こうした視点からは、供給事業者や流通事業者の保険、事業者保護、業界育成も重要な支援政策となります。

一方の「住宅セーフティネット」は、「住宅確保に特に配慮を要する者の居住の安定の確保」のために低所得者、高齢者など住宅に困窮する者に安全で良質な住まいを提供することとされ、住生活基本法などでも政策目標の一つとして取り上げられました。「住生活基本計画（全国計画）」では「市場における適正な取引を阻害する要因を除去し、その機能が適切に発揮される健全な市場の形成を図ると共に、住宅関連事業者に比べて専門的知識や経験の少ない消費者の利益の擁護および増進を図ることに留意しつつ、市場における法令の遵守を徹底した上で、可能な限り市場の活用を図る」としています。具体的には、古典的な対象として低額所得者への対応があげられますが、近年では所得格差の拡大や貧困率の増加に伴う最低居住水準に満たない層の解消がまず注目されます。セーフティネットは、民間住宅への入居を敬遠される者への対応など、市場が機能しない、または市場だけでは対応できない住宅の補完として概念され、対象としては高齢者、障害者、ひとり親世帯、子育て世帯、災害被災者、ＤＶ被害者などがあげられます。すなわち、低額所得者を中心とした従来の住宅困窮者に加えて、住宅市場の状況の中で不条理に阻害される施策対象者をセーフティネットの対象者として位置づけていくことが市場政策上も重要なのです。

3　住宅セーフティネット法の成立

２００６年に策定された「住生活基本計画（全国計画）」においては「国民の居住ニーズに的確に対応するには、市場による対応が最も効果的である」としつつも「住宅は、安全、環境、福祉、文化といった地域の生活環境に大きな影響を及ぼすという意味で社会的性格を有する」とされています。国民の豊かな住生活を実現するためには「市場において自力では適切な住宅を確保することが困難な者に対する住宅セーフティネットの構築」が必要であるとされているのです。

同計画（全国計画）に基づいて、２００７年には「住宅確保要配慮者に対する賃貸住宅の供給の促進に関する法律（住宅セーフティネット法）」が制定され、その対象は低額所得者、被災者、高齢者、障害者、子どもを育成する家庭、その他住宅の確保に特に配慮を要する者（以下「住宅確保要配慮者」という）とされました。そして、これら対象者に対する賃貸住宅の供給促進に関し、施策の基本となる事項などが定められました。地方分権の流れの中で、「住宅セーフティネット法」により地方の自主的な裁量で地域住宅交付金を活用することも可能となり、この制

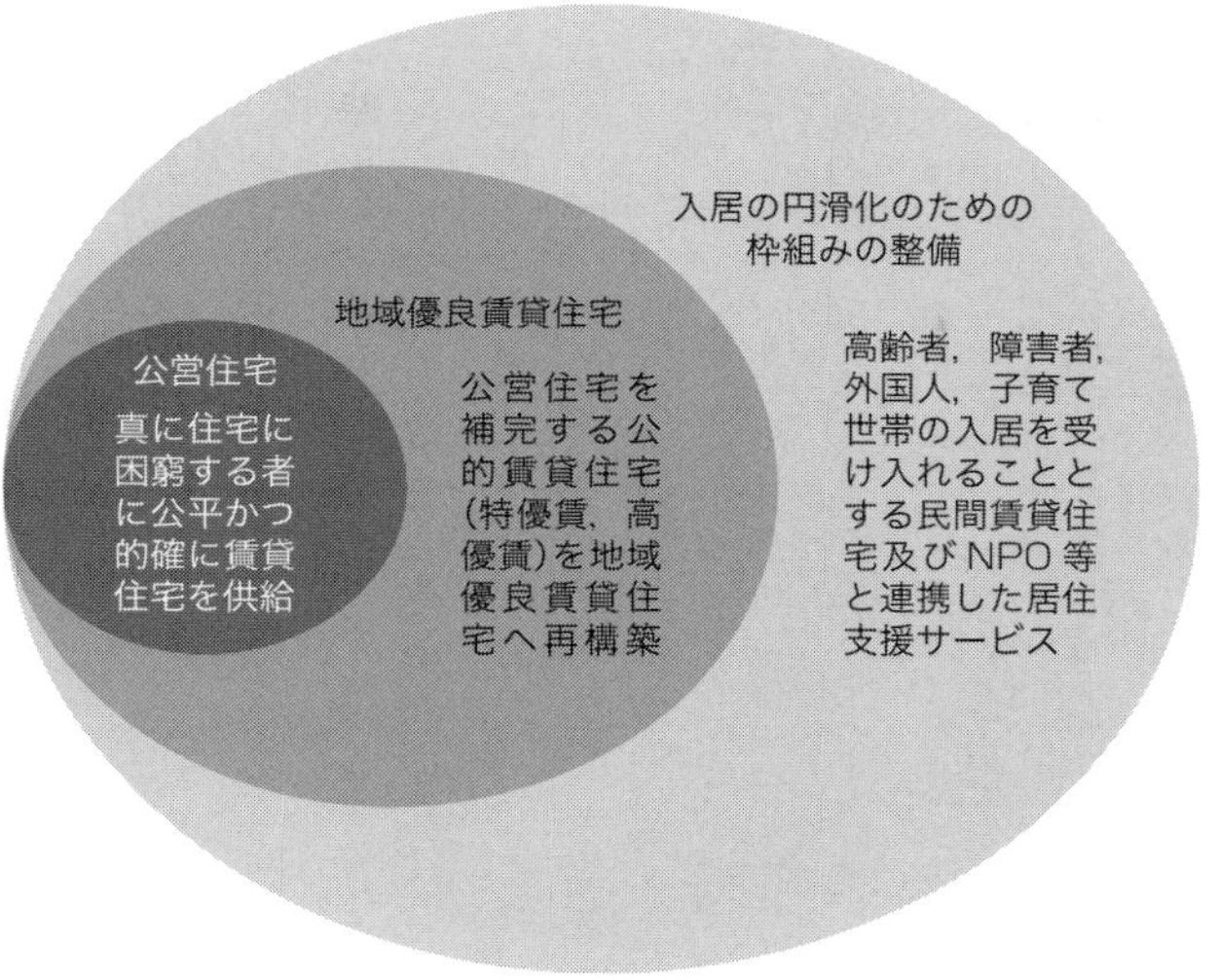

図 5–2　重層的かつ柔軟なセーフティネットのイメージ
（出所）国土交通省「社会資本整備審議会住宅宅地分科会公的賃貸住宅部会」(2006 年 7 月 17 日)の資料より作成

度を活かすことで、セーフティネットの中核となる公営住宅の適切な更新や、高齢化対策や定住促進等の政策目的を効率的に実現することが可能となりました。

また、同法では、対象となる住宅困窮を、①真に困窮する者への対応（狭義）と、②市場において対応困難な状況となる住宅困窮者への支援（広義）とに大別し、狭義のセーフティネットとしての公共事業と、民間事業による市場の活用などによる重層的セーフティネットの構築を図ることの両方が示されています。

狭義のセーフティネットとしては、直接供給を担う公営住宅などによって限定的に経済と居住空間を一体的に支援することとなっていますが、昨今は公営住宅の供給が進まず、その結果、生活保護対象となる者も増加しているようです。狭義のセーフティネット政策は、福祉・生活保護・雇用政策と連携しつつ対応していくことが不可欠です。特に、生活保護や生活支援給付、住宅扶助等にみられる省庁、部局にまたがる困窮状況とその対応については、住宅部局と福祉部局との棲み分けや相互連携による効率的・合理的行政支出に向けた政策実施体制を構築することが急務です。

広義のセーフティネットとしては、市場機能を活用することを原則とし、アフォーダビリティー(適正家賃)とフェアハウジング(入居制限や入居拒否の無い住宅供給)方策が主となります。広義のセーフティネットにおいては、住宅市場で想定されうる種々のリスクに対応すべく、事業に保険をかけてリスクを軽減するなど、セーフティネット政策の柔軟な運用に配慮することが重要です。突発的に生じる失業やローン破綻については、即応できる運用体制を確保すると共に再チャレンジに向けたモチベーションを高めるような種々の制度設計が必要です。そのためにも市場状況を把握してきめ細かな対応体制をとることが重要で、地域ごとの情報把握や分析、種々の対応資源を繋ぐ役割として「居住支援協議会」が組織され、そのバックアップの下で政

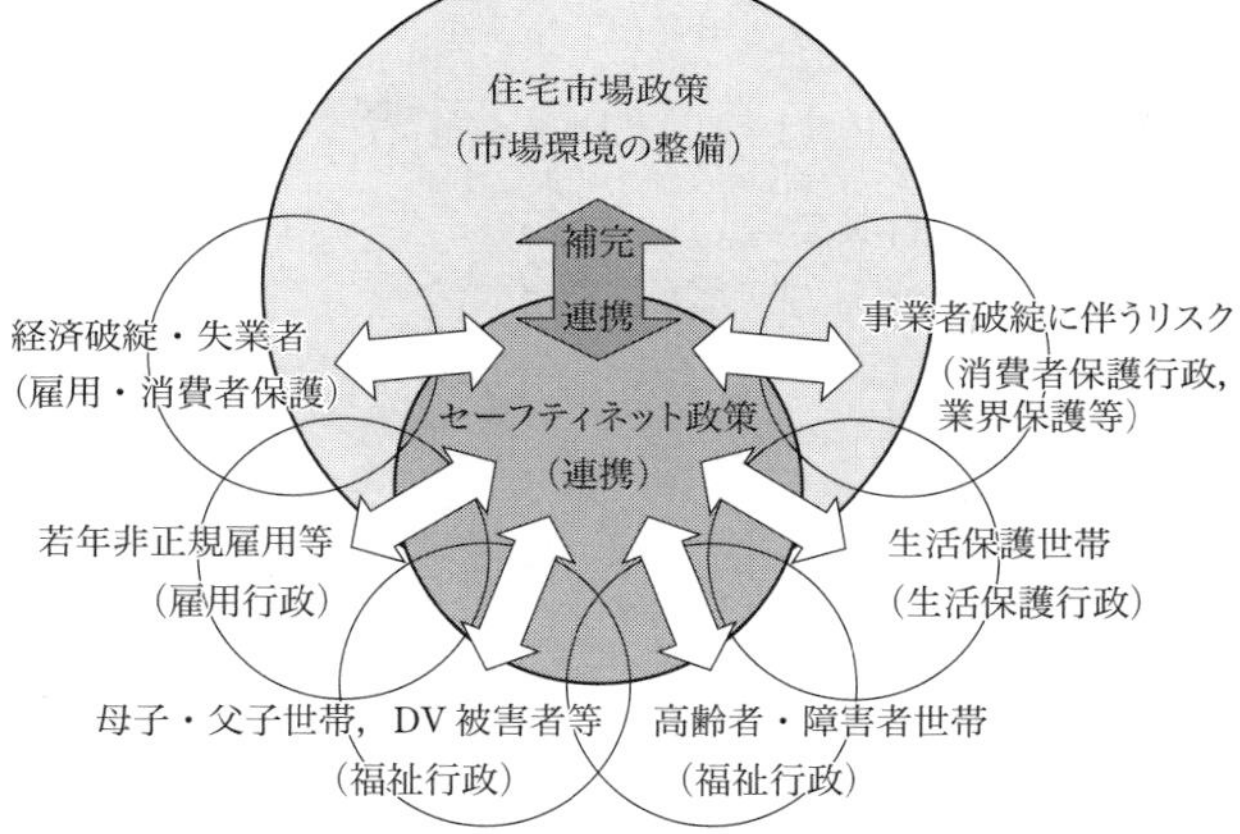

図 5-3　多様な住宅市場政策の領域の連携イメージ
（出所）筆者作成

策や事業が役割を果たすことが期待されています。

同法によれば、国民が広く「豊かな住生活」を実現するため、市場原理のひずみに対応し、主要な役割を担う公共住宅は、「真に住宅に困窮する者」に対する市場を補完する重点的政策投入として極めて重要です。しかし、市場政策への転換が志向されていく中で、公共住宅一辺倒の政策は、現実には市場政策とセーフティネット政策の間にひずみを生じさせており、多層にわたる性質や対象の異なる市場を構築しているように見えます。従来、低額所得層の受け皿になっていた民間の木造賃貸(木賃)住宅に替わって新婚世帯向けや若年ファミリー世帯向けに供給されている、郊外プレハブ賃貸住宅や郊外木賃住宅もその一例です。これらは、膨大な若年の低額所得層の需要に対応する住宅として急増しています。しかし、コストダウンを図るべく居住性や面積水準を抑制しているような事例も見られ、近年の民間賃貸住宅の規模水準を低下させるなど、長期的な住宅ストックとしてのあり方を考慮すると、課題も少なくありません。

一方で、一般の市場と異なる層（住宅困窮層）を対象としたセーフティネットとしての行政支援を前提に、いわば「貧困ビジネス」といわれる市場も出現しています。これらは、セーフティネット政策の不十分さや住宅部局と福祉部局のひずみや隙間につけ込むビジネスであり、いわば隙間市場、裏市場が構築されてしまっているともいえます。これらの中には不適切な居住やサービス、事業処理なども見られ、課題は少なくありません。

近年は都市部を中心として、「シェアハウス」が若年層の人気を博しています。複数の者が一つの住宅に共同居住することで、家賃が抑えられるメリットがあり、シェアハウス専用の情報サイトを運営する者も登場するなど、独自のマーケットを形成しつつあります。多くは若年層をターゲットとしていますが、共同居住の発想を活かして、見守りとセットにした取り組みなど、高齢者をターゲットとしたものも登場しつつあります。

その一方で、生活保護世帯やそのボーダー層をターゲットとした貧困ビジネスの一つとして、

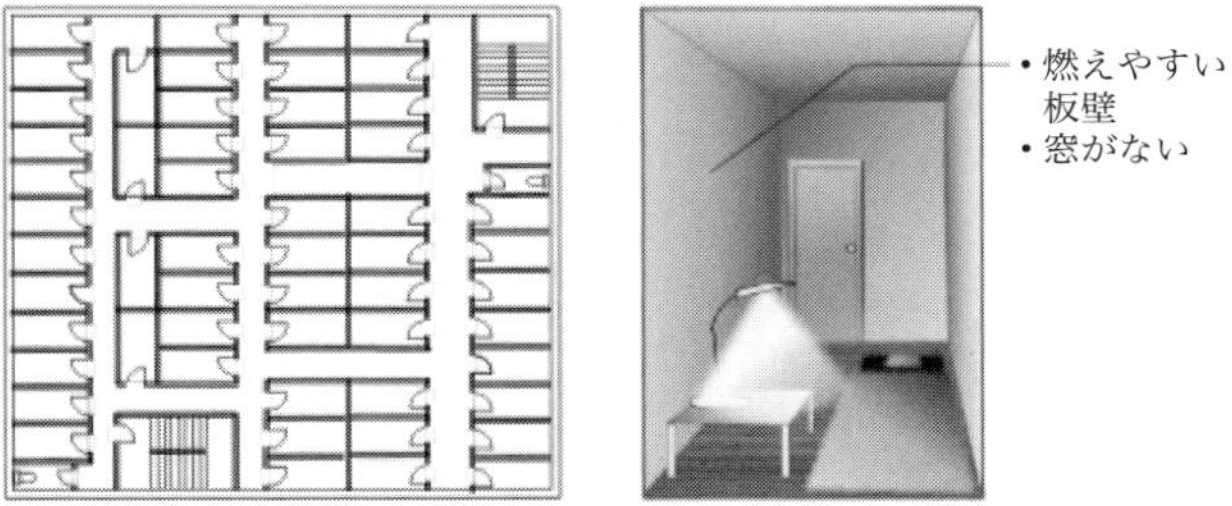

平面イメージ　　内観イメージ

図 5-4　違法貸ホームの概念図
（出所）国土交通省ホームページより

「違法貸ルーム」も台頭しています。共同住宅や倉庫・事務所などの空き室を、採光の取れない劣悪・狭小な部屋に分割し、低所得者の住まいとして提供するビジネスが横行しています。これに対して国土交通省は、２０１３年に違法貸ルームに対する是正指針を発表し、立ち入り検査や是正指導など、その対応策を講じてはいます。こうしたビジネスが横行する背景には、低所得者が住宅を確保することが困難であるという実態が伺えます。特に、大都市圏においては、公営住宅は待機者が多く、需要の高さを物語っているものの、増加する住宅確保要配慮者に対しセーフティネット住宅の供給が行き届いていないことが背景にあるように思います。また、生活保護世帯に対する住宅扶助は、例えば、２０２０年度の基準によれば、東京都内の一級地(厚生労働省の定める立地等級)では、単身で月５万３７００円で、生活保護世帯とそれに該当しない世帯では、各段に支援内容が異なります。

健全な市場を育成していくためにはビジネスを適正に誘導していくことと共に、不適切なビジネスを監視していくことも行政の役割として重要です。こうした市場環境の育成に向けては、行政、業界の協力が一層求められます。

セーフティネット政策は「住まい」だけでなく「暮らし」を持続向上させるための対応策として考えていくことが重要で、住宅政策と福祉・生活保護・雇用・消費者保護・業界保護等、様々な行政政策とが連携していくことが基本となり、省庁や部局の枠を超えた対応体制が不可欠です。また、市場のプレイヤーの一角を担う住宅事業者に対する支援や保護など、業界の業務自体が健全に機能しうることも肝要です。市場重視の住宅政策の一面は居住者に力点を置きつつも、事業者のリスクがめぐりめぐって消費者のリスクに直結しやすい状況を勘案すれば、消費者保護の観点からしても、住宅政策を事業者支援に拡充していくことも必要だと思います。

4　公営住宅をめぐる三つの誤解

公営住宅は、狭義のセーフティネット、すなわち「真に住宅に困窮する者」に対する公共住宅の直接供給事業としてセーフティネット政策の中核を担っていることは間違いありません。しかし、現実には公営住宅については必ずしも行政、市民、事業者にその役割が共有されていない状況がみられます。その背景には公営住宅事業に対する様々な誤解が存在し、それがために公営住宅の供給が依然として縮小する傾向があります。

〈誤解1〉公営住宅の戸数はストック量として多すぎるのではないか

2014年時点で公営住宅は全国で216万戸ほどのストック総数となっており、地域ごとに違いはあるものの、近年の空き家の発生や応募倍率低下の状況から、公営住宅ストックが多すぎるとの観測もみられます。筆者の試算によれば、現在でも、公営住宅への入居資格のある世帯数は全国で約800万世帯存在しています。また、国が示す公営住宅の必要戸数の算定に使用する低額所得層等の住宅困窮世帯(最低居住水準の住宅を当該地域の賃貸住宅市場において適正な住居費負担で入居できない低収入層)も300~400万世帯いることが推定されます。これには地域ごとに大きな差異がみられ、住宅困窮の必要量と現公営住宅ストック量とを比較すると、首都圏、近畿圏においては公営住宅ストックの不足は明白であり、公営住宅の都市部の応募倍率の高さからも顕著です。今後、人口減少傾向は続くものの、都市部では従来受け皿であった低家賃民間賃貸住宅が逓減していくために、公営住宅など、住宅困窮世帯にとっての受け皿の需要は決して少なくなってはいません。一方、中京圏やその他の地域では、応募倍率の低下や空き家の発生からみるに、公営住宅はほぼ充足していると目されています。しかし、地方における公営住宅は、元来、賃貸住宅市場を補完するものとして種々の政策要請によって対応されてきた経緯を踏まえると、その政策的役割の再点検が必要になります。

こうして公共住宅政策として地域ごとに必要な支援のあり方をさぐり、そのための公共投資量を明らかにして、その意味と公共投資量を行政や市民などで共有しつつ、公共住宅事業として財源を確保していくことが重要になります。

〈誤解2〉公営住宅事業は地方自治体の財政に負担を与えているのではないか

公営住宅事業の大きな収入源は主に家賃収入と家賃対策補助であり、支出要素は主に建設時に起こした債券の償還と修繕費、管理事務費と地代等となります。中長期運営を前提にすれば、公営住宅事業については概ね30年を超える累積収支は収入超過となることが試算されます。すなわち、公営住宅という事業は「家賃収入」という収入手段を持ち、初期あるいは一時的な支出超過は伴うものの、長期的にはその支出分を回収し、場合によってはかなりの利益を確保することも可能です。こうした公営住宅事業を適正に管理し、中長期的に計画的運営を図っていくためには、これらの事業収支と収入・支出要素の把握が不可欠です。これを明確にするために、公営住宅事業を一般会計と切り離した特別会計とすることも一つの方法です。公営住宅事業は民間賃貸住宅事業と違い、中長期に運営していくことのできる事業だとすれば、その特徴を活かして公共投資を最小限に抑えた投資効果の高い事業と政策を展開することができるのです。

公営住宅の事業性を論ずる時、課題となるのが公営住宅のもうひとつの政策的役割である「居住福祉」の側面です。前述のとおり、現在では高齢者、障害者、ひとり親世帯を始め、被災者等の優先入居や福祉減免制度が行われています。その扱いについては「公平性」「効率性」を視点に、公営住宅の入居管理を適正化していくことが議論されています。しかしながら、過剰な減免制度が公営住宅事業の事業性を低下させている面も否めません。高齢化の進展や人口減少社会を迎え、事業環境は大きく変容していくことが予想され、それに対応するマネジメントの視点は極めて重要です。

一方で、高齢化などに伴う公営事業の居住福祉面へのシフトは必然ですが、これをもって現にある公営住宅事業の健全さを捨象する必要もないと思います。公営住宅の事業的側面は、住宅市場を効率的に補完することで、居住福祉的側面は、福祉政策との役割分担と連携による効率的な政策投入こそが評価されるべきです。たとえば、建て替え等に伴い、住戸がバリアフリー化されることで、介護コストの削減が十分に見込まれ、地方財政全般からみても効果的な事業となります。また、公共住宅は生活保護行政と連携することによって住宅扶助費用を縮減するなどの効果的な展開も期待されます。

こうしてみると、公営住宅などの整備事業は地方財政に対して大きな負担を与えるものではなく、その負担を軽減し、さらには他分野の政策に対しても貢献するものとして位置づけることが出来ます。

〈誤解3〉公営住宅を官民連携で運用することによって事業費の縮減が可能なのではないか

近年は、官民連携方式として公営住宅においても前述のＰＦＩ方式が徐々に広まってきています。公営住宅ストックの多くは建て替え時期に向かっていますが、その更新すべきストックが大量に存在し、地方公共団体の財政投資が追いつかない状況となっています。地方公共団体がＰＦＩ事業に期待する理由がここにあるものの、併せて民間活用によって事業費を低減できるのではないかと期待している面も多くみられます。その背景には事業会計方式による建替え事業投資財源を確保することの難しさが見え隠れしていますが、老朽団地を建て替える際などに有効な手法となっていることは間違いありません。

公共事業のスリム化は欧米先進国の潮流でもあり、行政の役割は公共投資の適正な執行を目指しつつ、安定的な供給のための条件整備へとその役割をシフトしつつあります。特に、公営住宅事業は地域地域の政策ニーズに応えるべき事業として、種々の役割を併せ持つ必要があります。こうした視点の官民連携は、ビジネスパートナーとしての「民」だけでなく、居住者主体の組織や社会活動組織など、地域の住生活やその活力の担い手との協働として概念されるべきです。求められるサービスの内容に応じて様々な性格の者が担うことになります。

地方公共団体は公営住宅事業を効率的に実施することにウェイトを置きつつ、事業費の低減への期待だけでなく、これらの状況を踏まえた行動計画を住民や事業者に明示し、「新しい公共」(行政や公共事業者以外の者が担う公的・社会的役割)の確立に向けての計画的な取り組みや展開を考えて欲しいものです。

こうした新時代の公営住宅事業の役割を再確認するとともに、地域ごとの状況把握をもとに事業性や活用資源の状況からこれらの誤解について考え直して欲しいものです。そのためにも、まずは公営住宅事業を着実に実施していくことによってセーフティネット政策の根幹を構築することが行政の大きな責務だと思います。

5　地域で取り組む

「住まい」から「暮らし」への流れは、前述の住生活基本法によって大きく加速されてきましたが、さらに進展する高齢化と人口減少への対応が、今後の居住政策の主要課題になっています。

既にみてきたように、時代の大きな潮流は住宅の市場化にあり、市場政策に位置づけられたセーフティネット機能の構築は急務です。特に、居住以外の生活サービス支援や就労環境の是正を要する高齢者や障害者、ひとり親世帯、及び公営住宅の対象にされにくい若中年単身者などに対するセーフティネットは、民間の賃貸住宅市場にも依存せざるを得ない状況です。最近は、住生活基本法以降の市場重視の行き過ぎから、居住の貧困の課題がクローズアップされつつあります。市場重視政策による居住格差の拡大は、若年層を主とする新たな居住の貧困を生み、高齢貧困層の増大とともに住宅におけるセーフティネットの重要性を一層高めています。

さらに、若・中年世帯で収入増が見込めないことや災害・失業や住宅市場のなかで不条理に入居を敬遠されることなどに起因して、住宅セーフティネットの対象の幅が広がり、居住格差は広がる一方です。こうした新たな居住貧困層に対し、福祉支援と一体となった居住や、福祉支援を前提とした居住ビジネス、シェアハウスやシェアビジネスなど種々の居住ビジネスが出現してきていることも話題になっています。生活保護世帯が増加していることも社会問題となり、厚労省もホームレス自立支援事業を立ちあげたり、生活困窮者自立支援法などの支援政策・事業を整備し始めてはいます。

住宅セーフティネット法に位置づけられる住宅確保要配慮者は多様であり、その困窮要因は地域毎に様々です。対応もその困窮要因ごとにきめ細かく配慮する必要があります。市場における居住の貧困の状況については、市場が健全に機能するための環境整備に向けて、住宅困窮の状況毎に種々の対応手法や施策の効果を見通しつつ、これらを体系的にとらえることが重要です。いくらかの領域の市場の健全さが損なわれれば、多くのリスクが発生し、セーフティネット対応世帯の増加につながるからです。

そもそも、居住の貧困の問題は住宅市場自体の課題でもあり、市場のセーフティネットが埋め込まれた住宅市場の健全化を志向すべきです。まず、住宅供給事業者や流通事業者、消費者などの市場プレイヤーの自律的取り組みや種々の市場情報の公開と、これに基づく市場のチェック機能やコントロールが重要です。さらに、あらゆるリスクに対応すべく保険的対応やセーフティネット政策の柔軟な運用に配慮することも重要です。

そのための前提として、市場のひずみや課題の発生を観測し、要因の分析に資する住宅統計を活用することがまず肝要です。各種の統計調査を活用し、さらに個別調査によって必要かつ詳細な基礎データを充実させ、定量化していくことが求められています。高齢者や若年単身者、ひとり親、障害者などの昨今の居住の実態については必ずしも十分に把握できていません。特に、貧困ビジネスといわれる種々セーフティネット対象の居住状況を詳細に把握することは政策展開の基本です。こうした個別状況を把握するには地域ごとの「居住支援協議会」などを活用していくことが期待され、行政、業界、地域体制等の即地的な状況把握と地域課題を共有し、これら関係団体との協力体制の構築が求められます。

近年の市場のひずみによって生じている住宅困窮に対しては、低廉な住宅を供給するというだけでは対応しきれない状況も多く見られます。たとえば、高齢者やひとり親世帯には、見守りや生活支援サービスが必要になります。このように住宅困窮の要因は経済要因だけでなく輻輳する要因が大きく関わっているため、多様化する困窮要因に対して、その対応も多様に考える必要があります。地域ごとの住宅困窮状況の量的質的分析に基づいて公営住宅等の供給必要

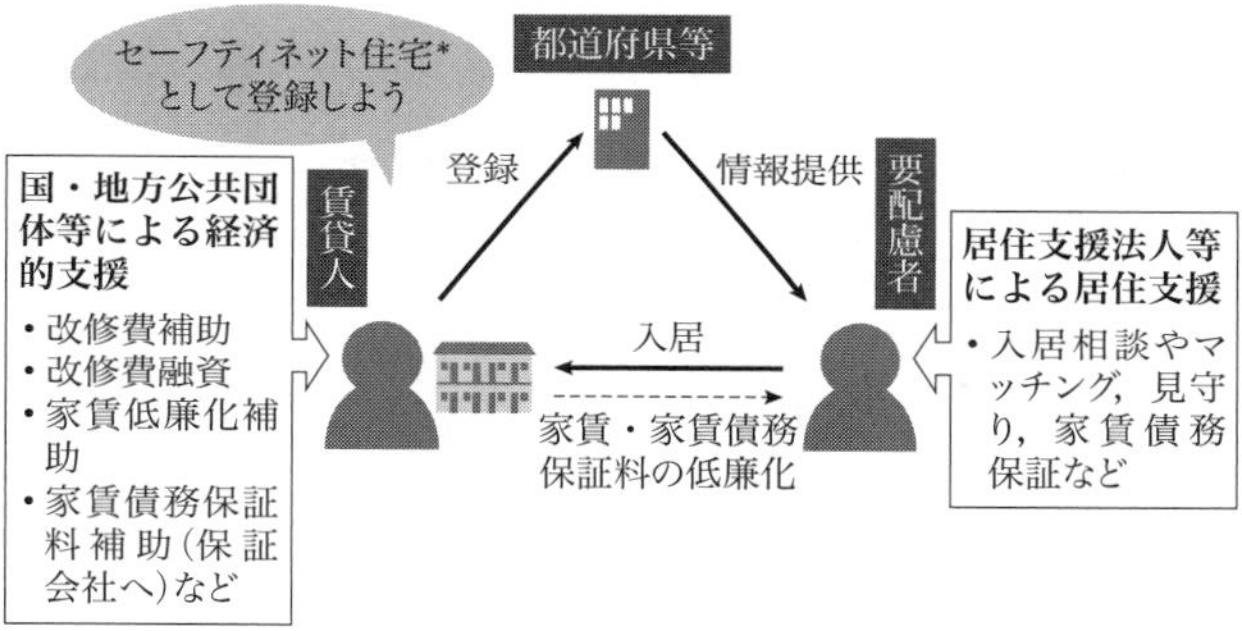

図 5-5　「新たな住宅セーフティネット制度」のイメージ
（注）セーフティネット住宅とは住宅確保要配慮者の入居を拒まない住宅として登録した住宅をいう
（出所）国土交通省ホームページより作成

量を共有し、高齢者や障害者・単身者を支える生活支援や雇用等の付帯サービスなどの居住ビジネスの需要の把握と計画的対応も重要です。この市場支援策やビジネスを効率的に展開すればセーフティネットの対象は縮小され、地域にとってのセーフティネット政策の範囲、手法を幅広く検討することが肝要になります。

２０１７年に発足した「新たな住宅セーフティネット制度」は民間賃貸住宅や空き家の活用を目指すもので、現在、増大するセーフティネット需要と空き家状況に対応するものとして、行政、業界それぞれに大きな期待の下、スタートしました。民間賃貸住宅の流通に乗りにくい、余剰となる賃貸空き家はセーフティネット需要に活用することが可能となる面もあります。しかし、現状はこの制度は、期待ほどには大きな成果が上げられていないように見えます。登録住宅を見ると２０２０年までは普及が進まず、旧雇用促進住宅を低家賃住宅「ビレッジハウス」として運用する事例が過半を占めていました。それでも、これが先鞭となって、大東建託パートナーズが35万６５６１戸登録し、２０２１年３月末時点で39万０４７１戸（目標17・5万戸）と増加してきています。

セーフティネット住宅で、利用者を支援する目玉として導入したのが「居住支援協議会」と「居住支援法人」です。大家の不安を払拭するには協議会や支援法人の活発な動きが欠かせませんが、現状ではこれらの支援は義務付けられていません。20年度まで、登録住宅の絶対数が少なかったため、依然として協議会や支援法人の出番が少ないのが実態のようです。

まとめると、市場のセーフティネットの構築に向けては「新しい公共」としての賃貸住宅市場の役割が期待され、行政と業界が連携することで、こうした社会貢献の取り組みが評価される市場が構築されることが望まれます。高齢社会の一層の進展と共に、住宅確保要配慮者が増大し、居住の貧困も拡大していくことが想定され、これらの者に対して適切な各種居住サービスなどを、その地域ごとに包括されたサービスシステムとして構築していくことが目指されていくでしょう。

第6章 「在宅」から「地域」へ

——居住福祉政策

1　始動した少子・高齢社会の住宅対策

日本の高齢者福祉政策は、１９６３年に制定された「老人福祉法」がその法的基礎とされています。それ以前の高齢者福祉政策は生活保護法に基づいて、貧しくて身寄りのない高齢者を養老施設に収容保護する事業が中心でした。しかし、高齢者を取り巻く環境の変化や社会保障意識の高まりを受けて成立した老人福祉法は老人の「心身の健康の保持及び生活の安定」を目的とし、同法によって一般の高齢者を対象に幅広く福祉を推進し、老人福祉を具体化する多分野の行政的仕組みを明らかにすることとしています。その目玉の一つが「常時介護」を必要とする高齢者を対象とする「特別養護老人ホーム」の創設でした。これにより、高齢者福祉は低所得者向けの救貧対策の枠を超えて、一般的な高齢者の介護ニーズに対応することとなったのです。けれども当時の高齢化率は依然６％程度で、現在に至る高い高齢化は予測できなかったため、特別養護老人ホームは、制度以前の困窮者救済の概念から脱却できないままでした。そのため実態は、居宅において養護を受けることが困難な高齢者を入所対象に限定した行政の措置施設(行政機関の判断によって入所を決める施設)として展開されていました。

その後、高齢者の数や率が急増し、その生活実態の深刻さが明らかになるにしたがって、量的な拡充が図られるとともに、高齢者福祉サービスが徐々に一部の低所得者だけでなく、一般的・普遍的ニーズとして認識されるようになります。日本経済が劇的に成長するなか、医療保険制度が皆保険化し、年金制度も確立されて、経済的に自立した高齢者が増加していくことが見込まれるようになります。そんななかで特別養護老人ホームは徐々にその重要性を増すとともに、経済的に自立した高齢者にも対応すべく意味付けを変えていくことになりました。こうした状況を受けて、高齢者福祉の充実と施設の量的拡充が進められ、特別養護老人ホームは急増していきました。

一般に高齢化率が7%を超える時期から「高齢化社会」と呼ばれ(WHOの高齢社会の基準)、福祉政策における重要政策として老人福祉施設の整備が進められます。高齢化率が14%を超える時期からは「高齢社会」と呼ばれ、高齢者福祉政策が一般政策として展開するといわれています。日本は、1970年に高齢化率が7・0%を超え、その後94年に高齢化率が14・0%を超え、高齢社会に突入しました。日本の特徴は、高齢化率が7%から14%に至る進展のスピードが急速であったことで、このことが高齢化に対応した福祉政策及び住宅政策の進展の特徴を示すとともに、これに基づく課題を大きくすることとなりました。

日本は1985年には高齢化率が10％を超えましたが、欧米各国では国連が国際障害者年(テーマは完全参加と平等)として指定した81年を契機に世界的な動向として「在宅福祉」が進められており、日本においても、この時期に「在宅福祉」が志向されました。施設福祉から在宅福祉への移行は、北欧諸国に見られるように、福祉施設やそのサービスを地域に開放しつつ、徐々に在宅福祉の資源やサービスに切り替えていくことによって体制を整えていくことが一般的です。しかし、日本では前述したように、高齢化が急激に進んだため、施設福祉や福祉の拠点となる施設が必ずしも十分に整う時間的余裕がないまま、福祉への公費支出を節約するために「施設から在宅へ」の切り替えが進められた状況があるようです。こうして、現在の在宅福祉政策の枠組みの端緒が開かれていくことになりました。

1987年に、建設省と厚生省の共同のモデルプロジェクトとして、「シルバーハウジング・プロジェクト」が始められました。これは、公共住宅供給主体(地方公共団体、住宅・都市整備公団、地方住宅供給公社など)により、高齢者に配慮した住宅の供給を推進するための事業プロジェクトです。その事業では、高齢者の安全や利便に配慮した高齢者向け特別仕様の公営住

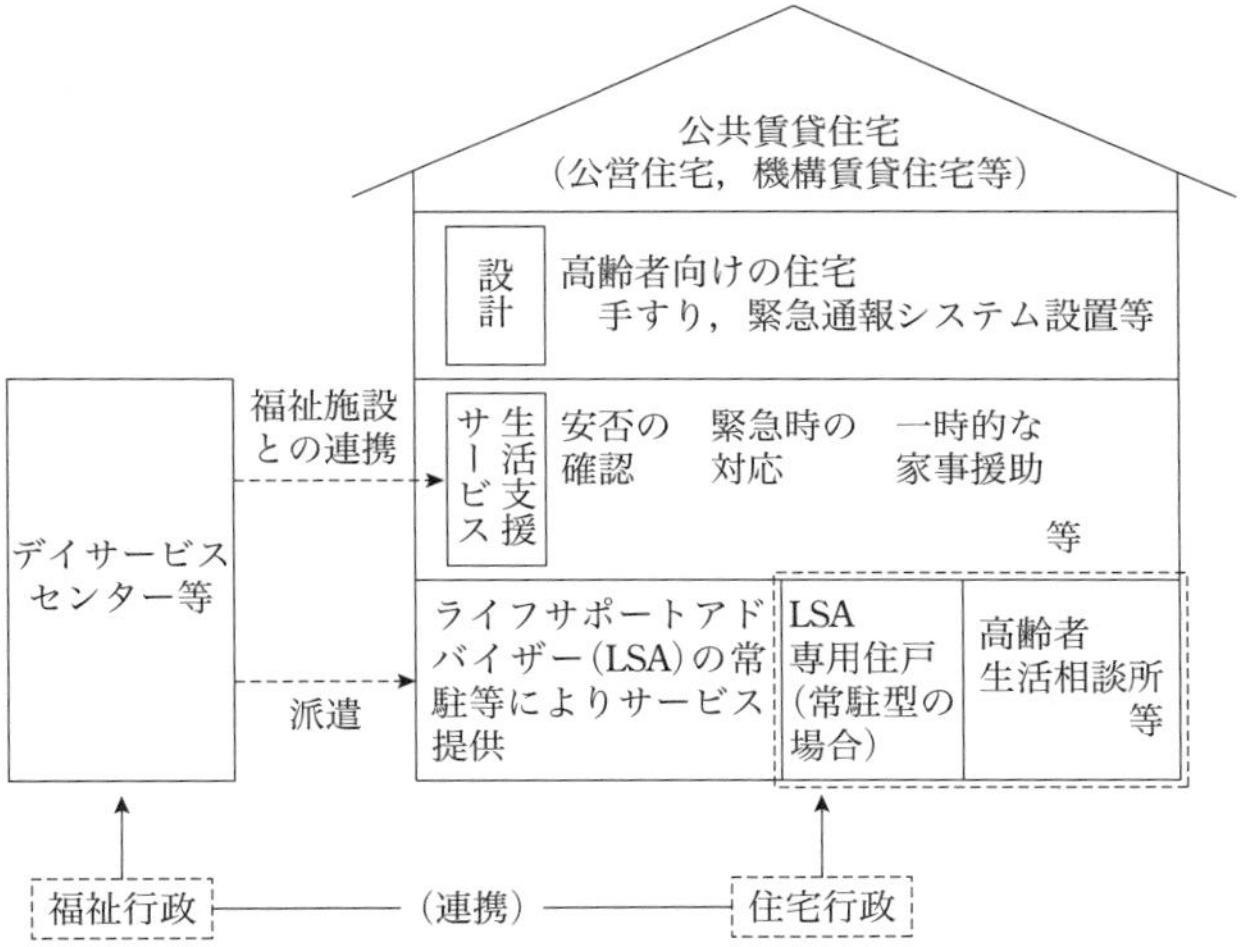

図 6-1　シルバーハウジングの概念図

（出所）住宅政策研究会編著，建設省住宅局住宅政策課監修『新時代の住宅政策』（ぎょうせい，1996 年）より作成

宅などに、安否確認や緊急時対応のサービスを提供する生活援助員（LSA：ライフサポートアドバイザー）を厚生省事業として配置するようにされました。

東京都では、住宅施策と福祉施策が連携した「シルバーピア」事業として進められました。段差解消、手すりの取り付け、緊急通報装置の設置などの高齢者向け特別仕様を施された都営住宅や区営住宅などに、居住する高齢者の安否確認や緊急時対応を行う「ワーデン」（「良き隣人」と訳されています）と呼ばれるLSAが居住しています。事業主体である市区町村は、住宅の供給主体である東京都、市区町村、住宅・都市整備公団、東京都住宅供給公社と協力してシルバーピアを運営し、高齢者が地域社会のなかで安全・安心に暮らせるようサポートしています。

この時期には、住宅政策における高齢者対策は、公共賃貸住宅の「特定目的住宅」や「シルバーハウジング」などの入居者を特定した特殊解としての対応に力点が置かれ、住宅と福祉の連携についてはあくまで一部の先導的取り組みとして進められました。このように、高齢者・障害者への対応は、特定の対応から始まり、その普及、一般化へと進むのが世界の潮流といえます。このことは福祉行政についてもほぼ同様で、増大する福祉需要に対し、在宅化に向けての制度改正がようやく進められている状況にありました。このため、シルバーハウジング事業の生活援助を担う厚生省側の事業は、急速に増大する在宅福祉事業に対して、極めて限定的であったように見えます。結果として、シルバーハウジング事業は現在にいたるまで全国でわずか2万戸強にとどまっています。

デイサービスセンターを設けたり、ヘルパーや家庭奉仕員を配置したりといった施設福祉から在宅福祉への転換は、1980年代後半から徐々に進められていたものの、建築や住宅政策においては、ようやくこの頃を境に高齢者対策がそれまでの限定的対応から種々の福祉的配慮の一般化へと進んでいきました。各公共団体では、ユニバーサルデザインを基調とした法や制度として、「福祉のまちづくり条例」が制定され、その後、1994年に「高齢者、身体障害者等が円滑に利用できる特定建築物の建築の促進に関する法律（ハートビル法）」が制定されました。ハートビル法は、不特定多数の利用に供する「特定建築物」のバリアフリー化に向けての努力義務を課すとともに、「認定」によってバリアフリー化を誘導する仕組みでした。その後、2002年には同法は、一定要件の施設におけるバリアフリーを義務付けるよう改正されています。

この時期、公営住宅においては段差解消、手すりの設置、ドアや廊下の有効幅員などの従来の高齢者仕様とされたものについて、すべての住宅に適用していきました。その後、高齢化率のさらなる上昇に備えて、高齢者仕様を一般の住宅にも仕様として普及させるべく、1995年に「長寿社会対応住宅設計指針」（建設省住宅整備課監修、高齢者住宅財団）も作成されています。

2 1990年代の福祉政策の転換

1986年度より建設省の補助事業として「地域高齢者住宅計画」が策定されました。この計画はその後、「地域住宅計画（HOPE計画）」などとともに「住宅マスタープラン」として結合されていますが、この間約10年、自治体の高齢社会対応や住宅政策のあり方に大きな影響を与えました。この計画は事業主体を市区町村とし、策定にあたって住宅主管部局と高齢者福祉主管部局との緊密な連携を図ることを指導している点が大きな特徴となっていました。多様な住宅を供給し、住宅と福祉が連携して住宅及び居住環境の諸条件を整えることを目指していました。具体的には、高齢者の経済力や心身機能が衰えていくことを前提にして、住宅を維持し、居住空間を対応させていくことなどを課題としています。その他にも高齢になるにしたがって市場的に住宅が借りにくくなったり、近年の都市部での地価上昇の中で、家賃負担能力が相対的に低くなったり、高齢社会への移行に伴ってまちの活力が低下するなど、諸相があらわれてきます。このような住宅市場の不均衡や新たな社会的弱者としての住宅困窮世帯への対応が、今日の高齢社会における住宅政策の基本的課題です。

当時の「地域高齢者住宅計画」は、来るべき超高齢社会(高齢化率が21%を超える社会)に向けての住宅行政における警鐘とその準備の重要性を示唆していました。これから整備する住宅や住環境は、21世紀の超高齢社会を担う中心的な社会ストックとなるため、20年、30年後を見据えて、いかに長期的かつ計画的に社会を展望しつつ住宅などを整備していくかが最も重要な課題といえます。特に、今後は社会経済力の減退が予想され、社会資本整備に対する投資の増加は大きくは望めないことから、本格的な超高齢社会を迎える前に積極的かつ効率的に良好な社会資産を形成する必要があります。

高齢化は急速かつ着実に進んでいますが、これは単に高齢者の増加を意味するだけでなく、社会全体の都市化、情報化、国際化など、様々な社会状況の変化を伴っていることの認識が重要です。将来的には3人に1人が高齢者となり、このような社会では高齢者は特殊な存在ではなく、あたりまえの存在で、その社会状況の中で考える高齢対応は、社会の一般的な対応として検討する必要があります。このようなことから、「地域高齢者住宅計画」は、高齢者に特化した住宅計画というよりも、むしろ高齢化の進展に伴う様々な社会状況の変化の中で展開すべき一般的な住宅・住環境対策として総合的な視野からとらえることが一層重要だと思います。

1989年には、厚生省・大蔵省・自治省合意で策定された「ゴールドプラン(高齢者保健福祉推進10カ年戦略)」が打ち出され、在宅福祉事業が数値目標をもって積極的に進められるようになりました。また、特別養護老人ホームの措置権限などのサービスの提供主体が市町村に一元化され、地方公共団体が高齢者福祉サービスの整備を計画的に進めるべく「老人保健福祉計画」の策定が義務付けられました。

高齢者向け住宅としては、1990年以降、建設省による「シニア住宅供給推進事業」が開

ボナージュ横浜では，入居する高齢者は終身年金保険に加入することによって，将来の家賃支払いに対する不安を解消するシステムも採用されています．

始されています。これは地方住宅供給公社や住宅・都市整備公団などの供給主体が建設する高齢者向け賃貸住宅の建設補助制度で、終身年金保険に加入することで、将来の家賃支払いに対する不安を解消するシステムを採用したものです。この事業として、神奈川県住宅供給公社は、１９９０年に介護付有料老人ホーム「ヴィンテージ・ヴィラ横浜」を供給し、UR都市機構は、１９９５年にシニア住宅「ボナージュ横浜」を整備し運営しています（コラム７参照）。

　１９９４年に、建設省は「高齢者向け公共賃貸住宅整備計画」、厚生省は「新ゴールドプラン（「ゴールドプラン」の改定としての五カ年計画）」を策定し、21世紀初頭までに、高齢者向け公共賃貸住宅の戸数を一層増やすことが提唱されました。

　前述したように、日本は、いち早く在宅福祉への移行をすすめてはきたものの、ゴールドプランなどの計画を上回る速さで高齢化が進んで、福祉サービスの拡充と福祉費の拡大は避けられないことが一層明確になってきました。そのことから、従来の高齢者福祉サー

〈コラム７〉
高齢者の生活をサポートする──ボナージュ横浜

「ボナージュ横浜」(神奈川県横浜市都筑区)は港北ニュータウンに位置し，都市基盤整備公団が提供しているシニア住宅です．シニア住宅とは，高齢者の生活特性に配慮した設備・仕様を採用し，生活を支援するための施設を設置し，生活支援サービスを提供することによって高齢者の生活をサポートする住宅です．生活支援サービスとして，緊急時対応，生活・健康相談，フロントサービスといった基礎サービスのほか，オプションとして別料金の福祉サービス等が取り入れられて，安心・安全な暮らしが提供されています．また，日常生活を支援するための各種の生活関連サービスが用意されています．さらに，介護が必要になった場合には，在宅介護サービスを利用して住み続けることもでき，あるいは隣接する提携介護施設「ゆうらいふ横浜」に移り住むこともできます．

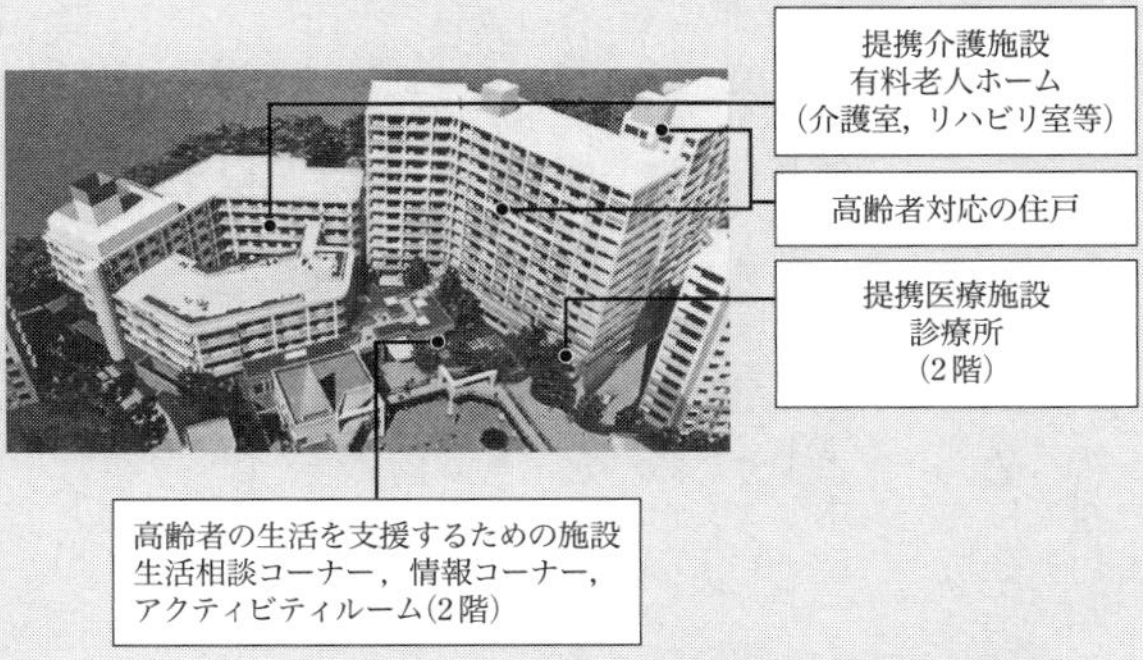

ボナージュ横浜
（出所）住宅政策研究会編著，建設省住宅局住宅政策課監修『新時代の住宅政策』(ぎょうせい，1996年)より

ビスが措置制度であることの限界が指摘され、福祉への公費支出を節約するため、高齢者の介護の問題を国民皆で支える仕組みとして、「介護保険制度」が導入されることになります（1997年制定、2000年より施行）。

介護保険制度は、市町村及び特別区が保険者となり、40歳以上の国民全員と国や市区町村などの公費によって保険料を負担し、市区町村ごとの給付と負担が連動する仕組みです。各市区町村が介護サービスの見込み量を計画することとなり、制度創設当初から自立支援や在宅重視の理念が掲げられています。介護保険制度では特別養護老人ホームは、施設介護サービスの一つとして位置づけられ、そのサービス提供関係は、要介護被保険者とサービス提供者との契約関係が基本とされており、費用の一部が保険制度によって補塡される仕組みとなっています。すなわち、特別養護老人ホームは行政が決定する措置制度から、利用者とサービス事業者との利用契約制度に変更され、いわばサービスを商品として位置付けた「利用者本位」のシステムとなったのです。

こうして介護保険制度の導入によって、今後の超高齢社会に対応するために在宅福祉体制が福祉政策の基盤として位置付けられるようになったものの、各公共団体の福祉行政にとっては、増大する高齢者に対応するための保険給付や公費負担のあり方を整理し、介護保険制度を一層浸透させていくことが最重要課題として大きくクローズアップされ、住宅政策との連携に注力していくにはまだまだ時間を要する状況にあったようです。

3 住生活基本計画と高齢者住宅政策

1998年に「高齢者向け優良賃貸住宅」制度(以下、高優賃)が創設されました。これは、先に創設された「特定優良賃貸住宅」の高齢者版として展開され、民間事業者が高齢者の居住用に優良な賃貸住宅の供給を促進するため、建設や家賃減額に要する費用などを助成する制度です。増大する高齢者需要に対し、これまでの高齢者住宅施策や民間で徐々に拡充してきた有料老人ホームなどの市場状況を見ると、公的住宅や特別養護老人ホームなどの福祉施設は入居が低所得世帯に限定され、一方で有料老人ホームは高額所得層にシフトして供給されており、所得階層の二極化の様相を呈しています。このため、今後増大する中堅所得層の高齢者に対する住宅供給の促進こそが重要課題として認識されるようになっていました。こうした社会的要請にこたえる制度として、高優賃制度が大きな期待の下で展開されることになりました。その後、高優賃は2001年に施行された「高齢者の居住の安定確保に関する法律」(高齢者居住法)

のなかに位置付けられ、以降は法定事業として展開されています。

高齢者居住法は、高優賃の供給を促進するために、建設費用を補助するほかに、家賃を助成したり、融資や税法上で優遇措置を設けたりしていました。同法は他に「終身建物賃貸借制度」などを定め、居住資産を担保に改修費用を融資する「一括償還型バリアフリーリフォーム融資(リバースモゲージ)」などを位置づけています。その後、「高齢者円滑入居賃貸住宅(高円賃)」、「高齢者専用賃貸住宅(高専賃)」も設けられ、全体を総合して、2006年には「あんしん賃貸支援制度」が創設されました。

しかし、急増する福祉需要や介護保険導入に伴う在宅への転換の過渡的状況のなか、住宅行政と福祉行政との連携は、必ずしも十分に実現してきたとは言えず、課題も少なくありません。高優賃の供給総量は制度が廃止される2011年までで、目標を大きく下回る3万戸程度にとどまりました。それでも、この間に整備された高齢者住宅はモデル性に富むものも多く、震災復興に対応して、高齢者の共同居住を実現する「コレクティブハウジング」(ひょうご復興コレクティブハウジングなど)や地域福祉拠点施設との複合再生団地(熊本県営健軍団地)など、その後の高齢者住宅供給のあり方を示唆する試みもなされています。

2005年には高齢化率が20%を超えて、日本は世界一の長寿国となりました。

2009年には、「高齢者の居住の安定確保に関する法律」が改正され(以下、高齢者住まい法)、同法は国土交通省と厚生労働省の両省の共管の法律に改定されました。このことによって、住宅行政と福祉行政の連携体制が出来上がったといえます。これは、介護保険法が改正されて、公的介護保険の給付対象の増大に対して保険給付の対象が重点化していくことが示され、虚弱高齢者や軽中度者については、在宅のままサービスを受ける「居宅サービス」としての対応が位置づけられたことに関連しています。特に、高齢者住まい法では、都道府県による「高齢者居住安定確保計画」の策定が義務付けられており、「居宅サービス」が行われる場としての高齢者向け賃貸住宅や老人ホームなどの施設の供給目標を設定し、これらの供給を促進するための方針を住宅行政と福祉行政が一体的に定めることとされました。ここではその後10年の間に急増する高齢者への対応プログラムが重要となることが認識されていたのです。

同法は2011年にさらに改定され、高円賃・高専賃・高優賃は廃止されて、「サービス付き高齢者向け住宅」に一本化して登録制度が創設されました。

サービス付き高齢者向け住宅の登録基準は、ハード基準としては、原則面積25平方メートル、構造・設備の要件はバリアフリー仕様とされ、ソフト基準としては安否確認、生活相談サービスの提供が義務づけられています。また、契約条件として居住の安定や敷金・家賃・サービス対価以外の徴収は禁止され、前払金は入居者の保護を明記することとされました。サービス付き高齢者向け住宅は、このようにして住宅の水準の確保を担保していますが、現状を見ると、入居時にかかる費用や月額利用料を抑えるため、小規模な住宅が大きなシェアを占める傾向にあります。国はサービス付き高齢者向け住宅の供給目標を、10年間で30万戸として取り組みをはじめており、2019年時点で25万戸弱まで整備が進んでいます。供給増加の背景には、福祉への財政投資の抑制のために特別養護老人ホームの総量規制があるなか、その受け皿として、サービス付き高齢者向け住宅が施設の代替機能として捉えられている面もあるようです。

介護保険導入後は、施設に入居できず自宅に居住することも困難な高齢者に対して、どのように「住まい」を確保し、ケアを提供するかが課題になっています。こうした低額所得高齢者の居住・生活に対するニーズと、住宅供給・サービス提供がミスマッチしてしまっていることも多く、それが社会的問題に波及しています。

前述の2006年に策定された「住生活基本計画(全国計画)」では「本格的な少子高齢社会、人口・世帯減少社会の到来を目前に控え」、福祉などの他の行政領域と連携をはかっていくことの重要性が強く謳われています。さらに、基本的な施策として「高齢者、障害者等が、地域において安全・安心で快適な住生活を営むことができるよう、住宅のバリアフリー化や見守り支援等のハード・ソフト両面の取り組みを促進するとともに、高齢者、障害者等に配慮した賃貸住宅の供給や公的賃貸住宅等と福祉施設の一体的整備を推進する」とも掲げられています。計画では目標を設定し、施策を計画的に推進することとされていますが、その目標の一つに、「低額所得者、被災者、高齢者、子どもを育成する家庭等の居住の安定が確保されるよう、公的賃貸住宅のみならず民間賃貸住宅も含めた住宅セーフティネットの機能向上を目指す」として住宅のバリアフリー化率を成果指標として設定されています。

２０１１年に改定された住生活基本計画では、高齢者人口に対する高齢者向け住宅の割合を３～５％（２０２０年目標）とすることが目標とされました。また、生活支援施設を併設している公的賃貸住宅団地（１００戸以上）の割合も成果指標とするなど、サービス付き高齢者向け住宅の供給を促進し、医療・福祉サービス施設や子育て支援サービス施設などの生活支援施設の設置を促進することも盛り込まれました。

４　地域包括ケアシステムへ

近年の福祉政策の基調は、「地域包括ケアシステム」の構築です。「地域包括ケアシステム」

という用語は、2005年の介護保険法改正で初めて使われたもので、そこで初めて地域住民の介護や医療に関する相談窓口として「地域包括支援センター」の創設が打ち出されました。

2006年には、介護保険法の改正に基づいて、「小規模多機能型居宅介護」が制度化されました。小規模多機能型居宅介護は、利用者が可能な限り自立した日常生活を送ることができるよう地域密着型サービスの一つとしてもうけられました。利用者の選択に応じて、施設への「通い」を中心として、短期間の「泊まり」や自宅への「訪問」を組み合わせ、家庭的な環境と地域住民との交流の下で暮らし続けることを目指しています。小規模の各機能を組み合わせることによって、ニーズに柔軟に対応できる統合した仕組みを指向したものといえます。

その後これが展開されて、2011年には、高齢者が地域で自立した生活を営むことができるように、医療・介護・予防・住まい・生活支援サービスを切れ目なく提供する「地域包括ケアシステム」の実現を図る、介護保険法の改正が行われ、現在に至っています。

2011年の法改正では、条文に「自治体が地域包括ケアシステム推進の義務を担う」と明記されました。地域包括ケアは、高齢者の尊厳を保持して自立生活を支援することを目的に、たとえ重度の要介護状態となっても、人生の最後まで住み慣れた地域で自分らしい暮らしを続けることができるように住まい・医療・介護・予防・生活支援を一体的に提供する地域の包括的なシステムの確立を目指しています。その概念は、「植木鉢の図」で表現されます。植木鉢・土のないところに植物を植えても育たないのと同様に、地域包括ケアシステムでは、高齢者のプライバシーと尊厳が十分に守られた「住まい」が提供され、その住まいにおいて安定した日常生活を送るための「生活支援・福祉サービス」があることが基本的な要素となります。そのような養分を含んだ土があればこそ初めて、専門職による「医療・看護」「介護・リハビリテーション」「保健・予防」が効果的な役目を果たすものと考えられています。

図 6-2　地域包括ケアシステムの概念図
（出所）厚生労働省ホームページより

それを支える理念として、小地域の「ケアサイクル」の概念も重要です。「ケアサイクル」とは、1人の患者が受ける連続したケアのことで、「ある病気が発生する。病院（急性期）に入院して、回復する。自宅で在宅ケアや福祉支援を受ける。また容態が変化する。治療を受けて、回復すれば自宅に戻る。福祉施設に入所する。このサイクルを繰り返しながら、最後は死を迎える」という長い退潮期の数回の発症・入院・入所・回復のサイクルを地域のケア体制でつないでいく仕組みです。この体制を築います．介護が少し必要になったときには訪問介護事業所，定期的なサービスでは支えきれなくなった時には小規模多機能型居宅介護を利用してもらいます．そして，自宅での生活が困難になった時のための受け皿として特別養護老人ホームが整備されています．また，在宅の認知症の人を支える認知症デイサービスや，ひとり暮らしの不安を解消するサービス付き高齢者向け住宅もあり，多様な地域ニーズに対応できる体制が整えられています．

くためには、住宅と福祉・医療施設の適正なバランスや配置を実現することが求められ、保健・医療・福祉のあらゆる職種が役割を分担して、地域全体で人々の暮らしを包括的に支援していくことが重要です(コラム8参照)。

今後の超高齢社会は、自立し続ける個々人の努力とともに種々の助け合いを進めるコミュニティの形成がなければ乗り越えられないと思われます。その中核にあるのが、高齢者の住まいであり、まずその質を確保するためのバリアフリー化や設備の確保などが重要です。加えて、地域コミュニティの醸成を基本とした自助、互助体制を築き、介護予防や生活支援サービスを充実させつつ、地域包括ケアの概念を普及していくことが求められます。このことによ

〈コラム 8〉
地域内で住みつづける——ケアタウンたちばな

「ケアタウンたちばな」(福岡県大牟田市，2008 年 6 月)は，住み慣れた地域での居住継続を実現するサービス拠点の中に位置づけられた特別養護老人ホーム群です．市営住宅の建て替えによって生まれる余剰地に建設されており，市営住宅団地に隣接しています．市営住宅では入居者の過半数が高齢者であり，介護サービスを利用する人も多くみられます．「ケアタウンたちばな」は，地区全体のケア拠点になるとともに，生活支援や介護ニーズが高い市営住宅の住民の生活を支える役割をも担っています．

敷地内には地域交流施設，居宅介護支援事業所，訪問介護事業所，認知症デイサービス(定員 11 人)，小規模多機能型居宅介護(登録定員 25 人，通い定員 15 人，泊まり定員 7 人)，サテライト型特別養護老人ホーム(入居 20 人，短期 2 人)，そして 12 戸のサービス付き高齢者向け住宅があります．

入居者には，要介護状態になる前から地域交流施設の介護予防教室や地域のサロン活動に参加して施設になじんでもら

ケアタウンたちばな(提供＝山口健太郎)

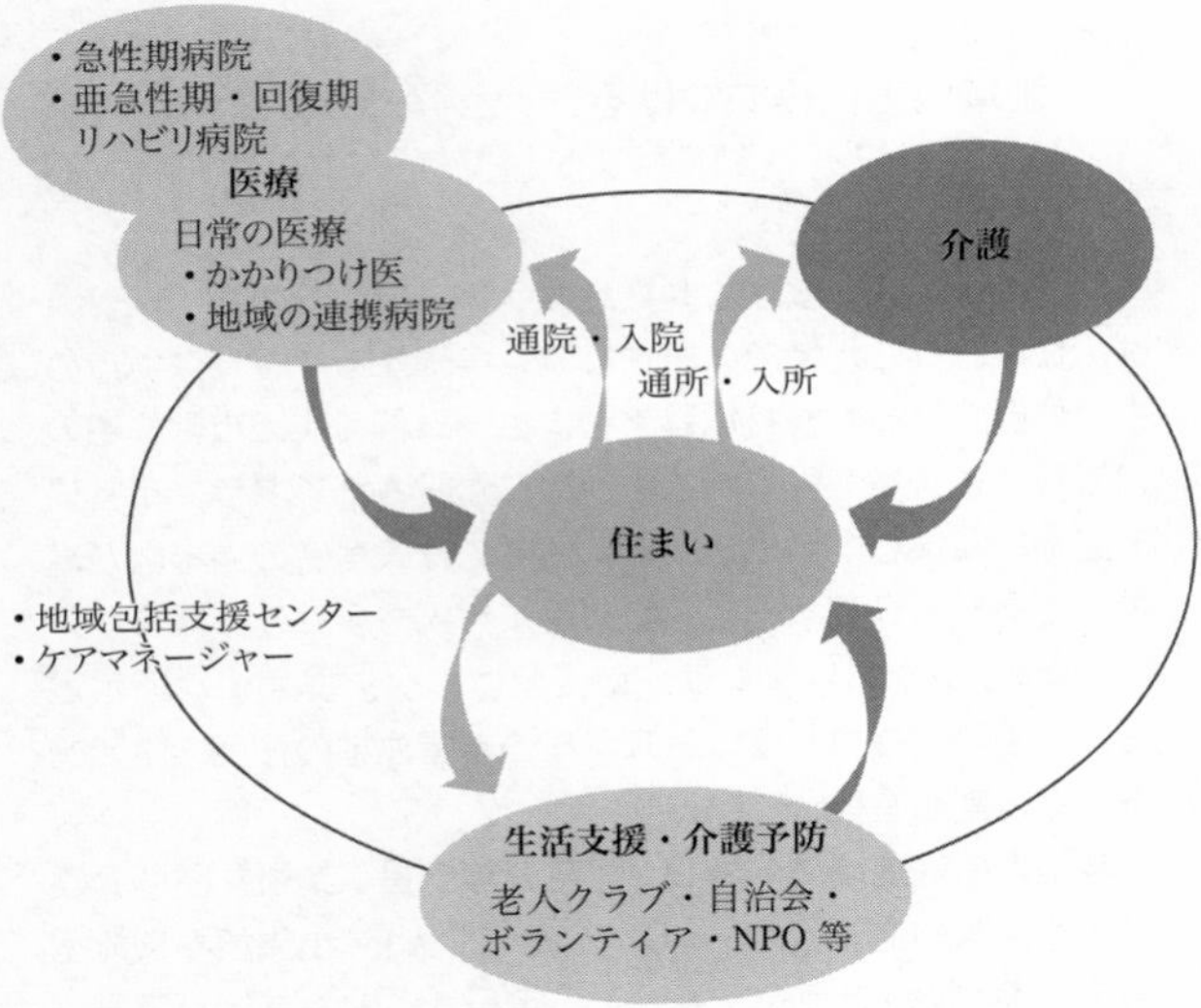

図 6-3 「住まい」が中心に位置づけられた地域包括ケアシステム
(出所) 厚生労働省ホームページより作成

って、これまでやや介護型に偏在してきたサービス付き高齢者向け住宅や一般住宅への高齢者居住についても、地域の生活支援や福祉サービスの各種資源を活用して安心した日常生活を送るための「住まい」として位置づけられ、地域に居住循環型の「ケアサイクル」が実現されることになるでしょう。

今後は、高齢者の居住に関しても住まいを確保するだけでは課題は解決しないと思います。高齢者の居住を支えるには様々な支援を要するため、福祉施策と住宅施策を一体化し、福祉の社会化・地域化に向けた施策転換が急務です。

増加傾向にあるサービス付き高齢者向け住宅は、家賃面での課題に加え、提供されるサービスが事業者によって異なるといった課題も抱えています。このため地域の不動産会社などと連携しつつ、地域の住情報を一元的に管理して、域内の空き家情報もうまく活用し、バリアフリー改修を行って、低コストの高齢者の住まいとして活用することも考えていく必要があるでしょう。また、福祉サポートの面では、原則としては地域包括ケアシステムに基づく福祉資源を有効に活用することを前提としながら、ＮＰＯ団体や社会福祉協議会など、地域ごとの福祉分野の担い手とタッグを組んで、高齢者の見守り・生活支援を行っていくことも必要です。

こうした地域包括ケアシステムの整備は喫緊の課題ですが、今後地域ごとに高齢化率の高まりが始まり、人口減少が急速に進むことを勘案すれば、地域が持続的であるためには、多世代共生のまちづくりと連動させていくことも重要です。そのためには高齢者の見守りや生活支援に加えて、地域の子育て、就労、生きがいなど、様々な空間や施設を形成することが求められます。こうしたことで地域の居住循環が可能となり、地域で持続させることもできるでしょう。

終章　「ハウジング・スモールネス」という思想

1　共生的・包摂的地域社会へ

日本の人口減少については、早くも１９７４年の「人口白書」で２０１０年ごろをピークに減少し始めることが予測されていました。しかし、この頃は、ローマクラブのレポート『成長の限界』(前出)が発表され、地球資源の有限性や発展途上国の人口爆発を踏まえて、むしろ人口抑制の必要性が強調されていた時期で、人口減少が問題視される状況ではありませんでした。人口統計上は２０１０年には総人口が減少局面に入り、50年頃には総人口は1億人を下回ることが推計されています。一方、生産年齢人口は戦後徐々に上昇し、１９６５年頃から70％近くで安定していた時期が続きますが、95年を境に徐々に減少して、現在は60％を下回る状況になっています。この頃からようやく少子化対策が重要政策課題として取り上げられるようになってきました。

こうした人口減少や人口構造の変化は社会にどのような影響を及ぼしていくのでしょうか。

人口減少に伴うこれからのまちづくりを語るには、まず人口減少に伴う社会の姿を共有していくことが肝要です。前述のように２０１０年には総人口が減少局面に入りましたが、先立って発生した２００８年のリーマンショックや２０１１年の東日本大震災の発生と原発事故による

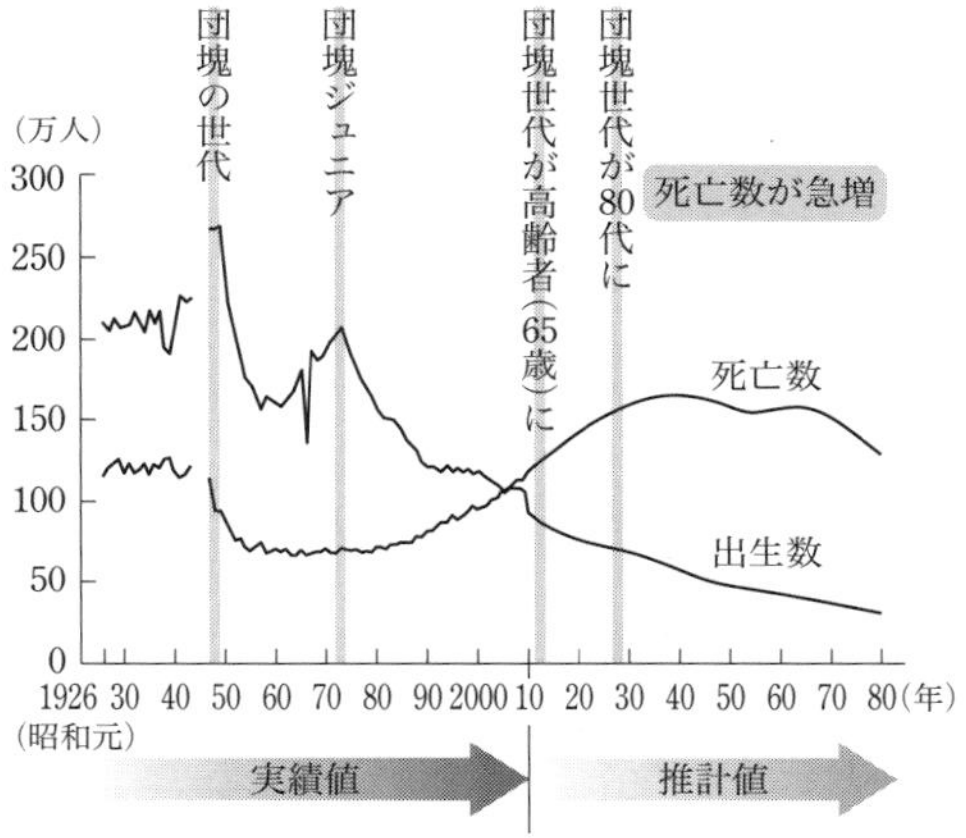

図終-1　2020／30 年問題

（注 1）過去の「人口動態統計」や国立社会保障・人口問題研究所の「日本の将来推計人口」(出生中位・死亡中位)などをもとに算出し，作成

（注 2）終戦の 1945 年前後は公式データがない

（出所）「朝日新聞」2010 年 12 月 26 日掲載図を元に作成

日本人の価値意識の転換がその後の社会像の変化に大きく関連しているように思います。筆者には、リーマンショック時にみられたグローバリゼーションの裏側にあるリスクの相互連鎖が人々に大きな系に組み込まれて逃れられない恐怖を実感させ、震災や原発事故発生時に明らかになった国や公共団体のガバナンスの弱さが人々の不安と不満を募らせ、原発事故への対応の無力さ加減が現代の先端技術への不信感を煽ることと

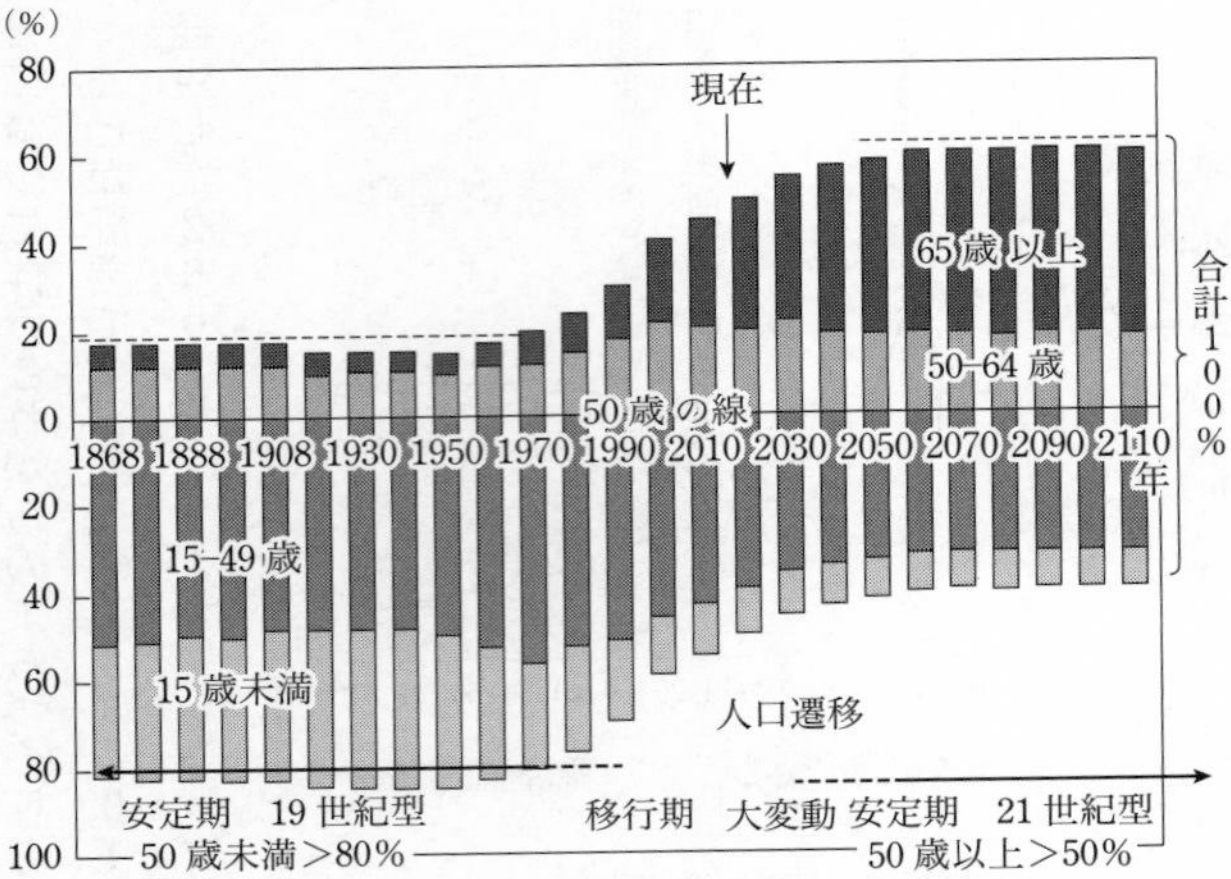

図終–2　日本の人口構成の推移(推計)

(資料) 国勢調査・岡崎推計・社人研 2012 推計

(出所) 一般社団法人未来医療研究機構・長谷川敏彦「在宅医療を支える，21 世紀型社会におけるまちづくりの学際統合研究」『2015 年度勇美財団助成研究報告書』

なったように見うけられます。人口減少は、こうした社会不安と共に社会を変え、経済状況に変化をもたらし、産業構造や雇用を変え、都市・地域構造をも変えていく大きな潮流を形成していくと思われます。

医療研究者の長谷川敏彦によれば、マクロに見れば日本の人口構成は、一九世紀以降二〇世紀半ば過ぎまで50歳未満の人口が80％を超えていた安定時代から、二一世紀半ばには50歳以上の人口が50％を超えて安定する時代へと移行するとしています。二〇世紀半ば頃までは、養育と就業による家族や社会に責任を負う50歳未満の人口を主とする社会で、第一の居場所(家庭)と第二の居場所(職場や学校)が重視された時代です。これに対し、二一世紀半ば以降は、家族や社会の義務や責任から解き放たれた50歳以上の人口が過半を占め、個人の自己実現と自由を謳歌し、長い退潮期をケアサイクルで繋いでいく社会となって、第一、第二の居場所とは異なる主要な空間として都市や町の中に第三の居場所(自宅や職場とは隔離された、心地のよい居場所)が重要となる時代であるとしています。そして、現在はその移行期に当たり、未来に向けて徐々に社会システムや都市・町の構造・住まいを再構築している時代とも言えます(「医療福祉の視点からまちづくりを考える――今なぜ「医療・福祉」と「まちづくり」なのか」)。

今後の見通しでは、生産年齢人口がさらに減少し、老齢人口が増加していくのが確実です。高齢世帯が4割、生産年齢人口が5割になる社会は間近に迫り、今後は従来の産業構造とは大きく異なる社会を想定すべきです。

人口減少により、空き家が3～4割にもなる住宅市場の状況は、空間的に豊かな居住空間として認識する必要があります。都市も地方も、今後は非生産人口比率が高くなり、居住の場自体が種々のビジネスや個人の活動の場ともなるでしょう。地域毎のローカルビジネスやケアサイクルを実現するソーシャルビジネス、コミュニティビジネスの展開や第三の居場所の創出など、地域にある空きストックを有効に活用することによって、居住から福祉・医療にまたがる総合的な対応をとっていくことが不可欠で、その支援に向けた政策体系が求められます。

世界に目を転じると、2015年に国連で採択された「持続可能な開発のための2030アジェンダ」の行動計画として掲げられた17の目標と169のターゲットからなるSDGsが、今後の地球社会の共有するテーマとして認識されています。2009年にオバマ米大統領も、すでに「富者だけが優遇されていては国の繁栄は長くは続かないことを知りました。経済の成功は、単に国民総生産の規模によるのではなく、それがいかにあまねく享受されているかにかかってきました。そう、どれだけ意欲ある人々に、慈善心からではなく、機会を与えることができるのかにかかっているのです。それが、我々共通の利益につながる確実な道なのです」と演説していました。今後は「分かち合い」すなわち共生の社会に進む方向を示唆していたのです。その後、ドナルド・トランプ政権に移行し、世界的に格差が拡大してナショナリズムが推進されるなど、逆ブレする状況が続いてきましたが、2020年以降はコロナ感染症対策もあり、グローバルな経済至上主義から公正な包摂的社会で持続的な経済成長を志向する方向が一層重視されるでしょう。

日本でも2020年には、コロナ感染症の克服を含めて、「SDGsアクションプラン

２０２１」が発表され、ＳＤＧｓの達成に向けて日本が取り組むべき重点事項が示されました。ここでは、「日本は新たな時代を見据え、未来を先取りする社会変革に取り組まねばならず、政府・企業・個人等それぞれの立場で変革への取り組みを始めることが不可欠である」とされています。それをふまえて、防災・減災、国土強靭化、質の高いインフラやＳＤＧｓを原動力とした地方創生の推進が掲げられています。新たな時代を見据えたこれからの社会変革は、これらの方向に呼応する地域循環の仕組みでもあり、こうした社会像の実現と歩を一にして取り組んでいくこととなると思います。

これまでの社会や都市構造は、経済の拡大やグローバル化の流れに即して、生産、消費、居住・養育などの機能を効率化するために、地域ごとに分化してこれらを分散配置しつつ、それを連携していく経済循環の系の拡大を進めてきました。しかし、これからは、これまでの生産、消費、居住、養育に今後必要となる自己実現、コミュニティなどを加えた機能が、コンパクトかつ重層的に集約され、各機能やサービスの生産と消費が同時にかつ同場で行われる共生的・包摂的な地域社会が主舞台となるでしょう。

既に過半を占める第三次産業においても、資本や知識の集約型産業から、居住地で生産と消費を同時にかつ同場で行う経済活動が重要となり、そこに求められる経済効率は、「規模の経済性」からローカルな「密度の経済性」に転換されるべきです。特に、住宅関連産業においては地域に密着した産業として、住宅供給、住宅管理・持続を担う同時性・同場性のビジネス需要が増大し、地域内の小さな循環の系が構築されていくことになると思われます。

そこには、過去の成功体験の延長上にはない新たな価値や新たな手法を模索しつつ展開していく難しさがあります。しかし、その展開なくして日本の社会・都市構造の未来は語れないと思います。

2 キーワードは「スモールネス」

こうしたこれからの社会の姿を念頭に、第2章から第6章で見たハウジングやこれを支える住宅政策の流れをふまえると、今後の大きな潮流や展望が見えてくるように思います。

まず第一に、グローバリズムの潮流の中、「官」から「民」への流れは、居住関連技術の質を確実に高め、生産・流通の合理化を進めてきましたが、今後求められる「居住の豊かさ」という点とはやや乖離を醸し出す態様も見え始めました。近年は、「グローカル化」という用語も使われ始めています。「グローカル化」とは、「グローバル化」と「ローカル化」とを合わせた造語で、「地球規模で考えて、地域ごとに行動する」ことと言われています。住宅・居住産業に求められる地域に応じたきめ細かさは、地域密着型の産業組織に限らず、業界をリードするグローバル化した大手の民間住宅産業組織においても、今後必要とされる要素です。特に、地域ごとに展開される居住者主体の組織や社会活動組織などの地域の住生活やその活力の担い手と協働していくことこそが、今後の居住の質を豊かにすることにつながります。

第二に、「つくる」から「つかう」への流れは、これまで蓄積されてきたストックの更新・再生や流通を促進し、まずストックの「資産化」が、進められるでしょう。具体的には住宅の保守点検、メンテナンス、管理、リフォームを適正に行うことにより資産価値を維持しつつ、これらを流通市場に乗せることによって、資産価値の持続や価値の増加を確実なものにしていくことが重要です。これらの取り組みも、やはり地域に対応したきめ細やかさを必要とし、そのためには地域ごとの居住産業を盛り立てていくことが効果的です。こうして資産価値を持続させ価値を上げていく取り組みは、地域ごとの事業への挑戦や、その技術や情報の積み重ねを可能とし、結果として地域市場を再構築していくこととなるでしょう。

第三に、「所有」から「利用」への流れを見ると、人生１００年時代に向けて、保有した資産を柔軟に活用することがより困難になることが予測されるため、全般に資産価値の活用から利用価値へとシフトしていくのだとすれば、今後は賃貸住宅市場の整備が一層重要になります。賃貸住宅市場が健全に機能するためには、賃貸事業者は、賃貸住宅の長期継続経営を促進していくことが期待されます。そのためには、地域内の賃貸住宅の社会的価値を、地域住民や業界、行政が共有することが重要です。持続のために域内で居住を循環させるのに不可欠な資源として、地域内に適正家賃の賃貸住宅を多く用意していくことが求められ、社会が賃貸住宅市場を支える仕組みや域内で居住循環できる総合的住生活産業を構築し、その地域をマネジメントしていくことが求められます。

第四に、「住まい」から「暮らし」への流れは、住生活基本法の基調となる理念であり、今後の住宅政策の主要な枠組みでもあります。セーフティネット政策の課題となる地域ごとに生ずる居住格差や居住の貧困の現状は、極めて多様化、多角化しており、まずその的確な状況把握が基本だと思います。住宅セーフティネット法に位置づけられる住宅確保要配慮者のおかれた状況は多様であり、その困窮要因は地域ごとに様々です。したがって、地域ごとの市場のセーフティネット機能を確立して、それら事業のリスクを保護するなど、対応は困窮要因ごとにきめ細かく配慮し、多角的に取り組んでいくことが重要です。

最後に、「在宅」から「地域」への流れは超高齢社会への移行に伴う不可避の流れで、特に福祉領域における地域包括ケアシステムの確立は最重要課題です。これに向けて、地域の実情や資源を把握し、課題分析を通して地域社会像を明らかにすることが求められます。いまや社会システムとしての「公助・共助」を超えて、地域住民やＮＰＯ団体や社会福祉協議会など、地域ごとの福祉分野の担い手を巻き込み、「互助」によってコミュニティを形成していくことも重要で、こうした地域の活動とマネジメントが求められます。

こうしてみてくると、平成期以降の大きな五つの流れに共通する方向は、ハウジングは地域ごとにきめ細やかに展開するスモールビジネス化を指向するべきであることが見えてきます。また、これらの流れと同時に実現していくには、「地域密着型」の政策理念が必須であると読み取ることもできます。

ここではこうした地域ごとに展開する居住関連産業の包括的概念を「ハウジング・スモールネス」と表現したいと思います。「ハウジング・スモールネス」は、現在進みつつある居住関連業界の方向を示すものであり、新しい未来像に向けた地域社会やまち及びこれに連なる居住関連ビジネスの兆候のひとつでもあります。その意味とこれを育てていくことの重要さを強調したいものです。

前述のように、時代は、ＳＤＧｓを実現すべく、様々な取り組みを始めています。「ハウジング・スモールネス」は、こうしたSDGsに向けた住宅政策における方向を示唆する基本的枠組みとしても考えられます。この概念は、単にスケールの小規模化やビジネスの小型化・縮小を示すだけではなく、今後ハウジングビジネスが、より地域に密着して住宅の維持管理や居住サービスなどを多角的に展開していき、地域で循環する社会システムの確立に貢献していく姿として概念されていくことが必要なのです。

現代社会では、生産年齢人口の減少に対応すべく、IoTやAI技術の開発が進められ、外国人や高齢者にも生産人口としての役割が期待されています。他方で、グローバル化の限界と、ボーダレス化が見え隠れする中、産業構造の変化や六次産業化などの多角化・多次元化が志向され、働き方改革による労働環境の変容も進みつつあります。こうした動向が連なる先には、未経験の未来に向けて新たな社会像を描くことが重要です。そこにイメージする社会像こそが地域ごとにヒト・モノ・カネが循環する社会であり、地域に密着した種々の活動や事業によってコミュニティが活性化していく社会です。

もちろん今後も経済システムが高度にグローバル化していく面も否定することはできません。けれどもコンパクトな地域経済の循環も重要となり、領域別にグローバルからローカルに至る重層的・階層的循環構造が考えられます。これまで経済成長を支え、社会に貢献してきた大手産業組織は今後もグローバル化とグローカル化の双方を指向することになるでしょうし、地域に密着したスモールビジネスは、新たな地域産業を創生する手がかりともなるでしょう。こうした活動や事業によって、地域に根ざした住宅地の再生や、個人の自己実現を視野に、くつろぎと多様な交流を展開できる場づくりと、共助・互助体制を構築することが重要で、地域内での居住循環を支える総合的住生活産業の創生が求められます。

総じていえば、各種の事業環境や仕組み・社会システムが、これまでのような事業者・生産者の側に視座を置いたシステムから、利用者・生活者の側に視座を移していくこととも理解されます。こうした転換には、生活者の身近な居住環境を基点に据えていくことが必要とされ、ハウジングビジネスは、必然的に地域密着型のスモールビジネスにシフトして、生活関連機能はコンパクトに集約されていくでしょう。

こうした「ハウジング・スモールネス」の概念は、地域社会の様々な活動や事業が、大きな経済循環系の動向に影響されることなく、自立的に機能する状況を確立していくことをも意味します。地域社会は、かつてのサブプライムローンのような問題に翻弄されることもなくなり、災害等に際しても自立した復元力(レジリエンス)を示す強い構造を築くことになるでしょう。

貧困・住宅困窮問題、空き家問題、ストック型住宅供給への転換や地方創生、郊外再生、住宅産業活性等の課題についても、中長期の社会・経済状況の動向を踏まえたこのような政策の理念と手法の転換が急務です。

3　ビジネスとしての「ハウジング・スモールネス」

現在、注目を浴びている先導的な事業を見ると、前述の五つの流れが一体的、複合的に展開されており、これからのビジネスとして「ハウジング・スモールネス」のあり様を予見させます。

そうした事業は、きめ細やかなマーケティングに基づいて消費者対応をしており、民間ハウジングビジネスやリフォームビジネス、管理運営企画、居住者特性に対応した居住サービスを含む賃貸住宅事業や行政連携を含む地域のセーフティネット住宅事業など、いずれも地域密着的です。今後、住宅の保守、メンテナンスなどの管理ビジネス、リフォームや住宅としての資産活用、住宅のあっせん・流通支援、居住支援サービス・生活支援サービスなどを組み合わせた総合的居住ビジネスは、新しいビジネスチャンスとして充実していくと思われます。また、地域包括ケアシステムが整備された福祉資源の有効な活用を前提として、ＮＰＯ団体や社会福祉協議会など、地域ごとの福祉分野の担い手とタッグを組み、高齢者の見守り・生活支援等の事業も充実していくことが期待されます。

こうしたこれからのハウジングビジネスは、種々の業態間のシナジー効果を生み、エリア内の活動や事業の関係性を強め、それによる一層の効率化を図るなど、新たな地域社会像を構築する機動力となります。また、地域が持続的に活力を持ち続けるためには、地域にいくらかの循環が駆動し続けることが必要となります。ここでイメージされるのは次のような循環の系です。

一つ目は、地域活性化の基本となる社会経済循環です。スモール化が進んでいくととらえれば、そこに展開されるビジネスはコンパクトな流通や販売・雇用などの新しいビジネス形態が基本となるでしょう。そこに発生する「しごと」に「ひと」が集まり、それによって消費生活や活動が活性化し、「ひと」の絆によるコミュニティが醸成されていきます。そこにまた、新たなコミュニティビジネスが生まれるなど、地域経済の循環が地域を持続的に支えていくことになります。

二つ目には、地域内の居住循環による地域内定住の推進です。今後人生100年時代を迎えることになりますが、老後は住宅を資産ではなく資金として活用できる状況とするため、それを実現する住宅資産の活用システムだけでなく、住宅資産を持たなくても資金を蓄えることができる適正家賃の賃貸住宅と居住支援サービスを備えることが地域で住み続けるために不可欠な要素といえます。こうした意味で賃貸住宅は地域社会にとっての社会的財で、地域に住み続けるための重要な資産でもあり、このことによって地域内の居住の循環が担保されることになります。

三つ目には、長期化する老後のケアサイクルです。地域包括ケアシステムでは、高齢者のプライバシーと尊厳が十分に守られた「住まい」が提供され、その住まいにおいて安定した日常生活を送るための「生活支援・福祉サービス」があることが基本的な要素となります。今後、長期化する人生の退潮期の数回の発病・入院・入所・回復のサイクルを地域のケア体制でしっかりとつないでいく仕組みが重要です。このため、住宅や福祉・医療施設を適正にバランス・配置していくことが求められます。また、保健・医療・福祉のあらゆる職種が役割を分担して、地域全体で人々の暮らしを包括的に支援していくことが必要です。

こうした地域の循環を持続させていく条件としては、その取り組みが持続的に駆動するエンジンとなるものをもち、これを継続・継承していくことが必要です。右の三つの循環は、地域の活動やビジネスを駆動させ続ける体制を築き、種々のシナジー効果を生むための条件整備ともなります。地域の循環を持続させるには「ハウジング・スモールネス」概念の活力を持続させることが必要であり、以下の取り組み例はそのヒントの一部となります。

① 住宅地の総合エリアマネジメントの取り組み

近年、日本においては、必ずしも行政に頼らない形で、地域固有の課題に対し、自治会、NPO法人、任意の協議会、住民や土地所有者などにより、地域の維持・管理(エリアマネジメント)に関する様々な取り組みが進められつつあります。

千葉県佐倉市の「ユーカリが丘」はその代表的な一例です。ここでは、住宅地開発だけでなく、高齢者施設や子育て支援施設、ホテル等施設の運営、交通、警備といったサービスなど、多様な事業を一民間企業とそのグループが実施しています。開発スピードを年間の新築住宅戸数200戸に抑制し、緩やかな成長に抑えるとともに、社会状況の変化に応じて、環境・福祉などの配慮を行うなどの先進的な取り組みを展開しており、民間企業が行政に近い役割をも担う先進的なまちづくりの事例です(コラム9参照)。

福祉に関しては，子育て支援と高齢者支援を同時展開することを理念にしており，当時は全国的にも例がなかった学童保育と認知症グループホームを併設した施設(ユーカリ優都ぴあ)は，当初は行政の理解を得ることが難しかったようですが，2007年8月には理念通りに開設に至りました．

山万が先進的な取り組みを展開できるのは，子育て支援や警備，交通システムといった，その事業単体では収益性の低い事業と収益の得られる事業を含めて，多様な事業を相乗的に展開することでトータルに収支をみることができるからです．

②「生涯活躍のまち」

「生涯活躍のまち」とは、内閣府が2017年に発表した構想で、「希望に応じて地方やまちなかに移住する中高年齢者も含め、多世代の地域住民が、お互いに交流しながら健康でアクティブな生活を送り、必要に応じて医療・介護を受けることができる地域づくり」を目指すものです。この構想は、単に高齢者などのための福祉施設や住まいを整備するという発想ではありません。地域住民を主人公として、自助・互助・共助・公助のもと、誰もがコミュニティの一員として役割や生きがいを持ち、それぞれの経験や能力を活かしてできる限り長く活躍できるような地域づくりに、官民が連携して取り組むものとされてい

〈コラム 9〉

一つの市をつくる──ユーカリが丘

1970 年代に開発された「ユーカリが丘」(千葉県佐倉市)の開発事業者である山万株式会社は，住宅地開発だけでなく，まちに必要な機能を自ら整備，運営しています．一つの市(コンパクトシティ)をつくることを目指した計画人口３万人のまちとして，駅前の商業機能，ホテル等も，山万が計画的に整備し，開発事業者が自ら運営または誘致したものです．

また，環境や福祉といった今日的な課題に対しても，創意工夫の下，先進的な取り組みを展開しています．太陽光パネルや雨水利用システムを導入した集合住宅，HEMS(Home Energy Management System)を標準採用した戸建分譲住宅，EV レンタカーシステムなど，他のエコタウンが導入している技術をすでに実現しています．

ユーカリが丘内にあるグループホーム・学童保育所「ユーカリ優都ぴあ」

ます（内閣官房まち・ひと・しごと創生本部事務局「「生涯活躍のまち」構想の具体化に向けたマニュアル」）。

この構想は、様々な要素を盛り込んだ新しいまちづくりの考え方を示すものであり、その実現に向けては、幅広い分野での息の長い取り組みが必要となります。また、各地域の特徴やニーズを踏まえることが重要です。基本となる構成要素は、①住まい、②ケア、③活躍、を核に、④移住、およびこれを下支えする重要な要素である、⑤コミュニティ（多世代交流、地域活性化）を加えた5要素とし、複数の事業者同士が行政などと連携することが想定されています。また、「核となる事業主体」は、自ら取り組む「収益核事業」、「付帯事業」と、他の事業主体と連携して実施する「連携事業」との組み合わせにより、「生涯活躍のまち」を推進していくこととされています（コラム10参照）。

③「SIB」によるまちづくり

「SIB（Social Impact Bond）」とは、民間資金を呼び込んで成果報酬型の委託事業を実施する新たな社会的インパクト投資の取り組みのことです。民間資金を活用して革新的な社会課題解決型の事業を実施し、その事業成果を支払いの原資とする仕組みです。

地域のまちづくりは、各地域の強みや資源を活かしながら、そのまちの活力を維持・向上させるとともに、住民が安心して住み続けられるまちづくり・都市経営を持続していくことが課題です。そのためには、地域経済を支え、きめ細かなニーズに敏感な民間主体の知恵やノウハウ・経営感覚を活用することが有効です。「ＳＩＢ」では、民間のまちづくり事業において、漠然と認識されていた地域課題解決への影響が明確に評価されることとなり、それによって民間のまちづくり事業に民間資金が投入されやすくなって、事業の持続や拡大が可能となります（日本総合研究所「まちづくり分野におけるソーシャル・インパクト・ボンドの活用可能性調査検討報告書」２０１９年）。

この「ＳＩＢ」の取り組みは、まちづくり分野においては新しい官民連携手法としてまだ始まったばかりですが、持続的なまちづくりに向けていくらかのヒントと可能性を示しています。地域の活力を持続していくためには常に地域の循環を駆動していくエンジンとなる取り組みや活動が不可欠です。「ＳＩＢ」は民間事業者や住民組織におけるこうした課題を発掘したり、これに対応する社会貢献事業を喚起したりしていく仕組みであり、種々の循環を駆動するためのエンジンを新陳代謝していく仕組みになることが期待されます。

ment Community）構想」として，今後の人口減少，高齢社会のケアサイクルの新しい仕組みにもなっています．今後の地域における「ハウジング・スモールネス」を実現する持続的まちづくりの取り組みとして注目したい事例といえましょう．

シェア金沢の概要（左頁参照）

①店舗等
- ショップ（日用品・生活雑貨）
- バー
- キッチンスタジオ
- ボディケアサロン等

②施設等
- 児童入所施設
- 児童発達支援センター
- 学童保育施設
- 自然学校
- グラウンド（全天候型）等

③住宅・施設
- 児童入所施設
- 学生向け住宅
- 学童保育施設
- サービス付高齢者向け住宅　等

④住宅
- 学生向け住宅
- サービス付高齢者向け住宅　等

⑤コミュニティ施設
- 温泉
- コミュニティレストラン
- デイサービス・生活介護・訪問介護

〈コラム 10〉
「生涯活躍」できるまち――Share 金沢

「Share 金沢」(石川県金沢市, 2014 年 3 月)は, 「生涯活躍のまち」として取り組んだ事例で, その特徴は, 住まいや施設などの様々な機能や担い手が混在することです. シナジー効果を高め, 場面や時間軸に応じた居住や産業の循環を可能とし, 地域活力の持続を可能とすることができます.

またこのビジネスモデルは, 元気なうちに地方に移住し, 必要な時に医療と介護のケアを受けて住み続けることができる場づくりを目指した「CCRC(Continuing Care Retire-

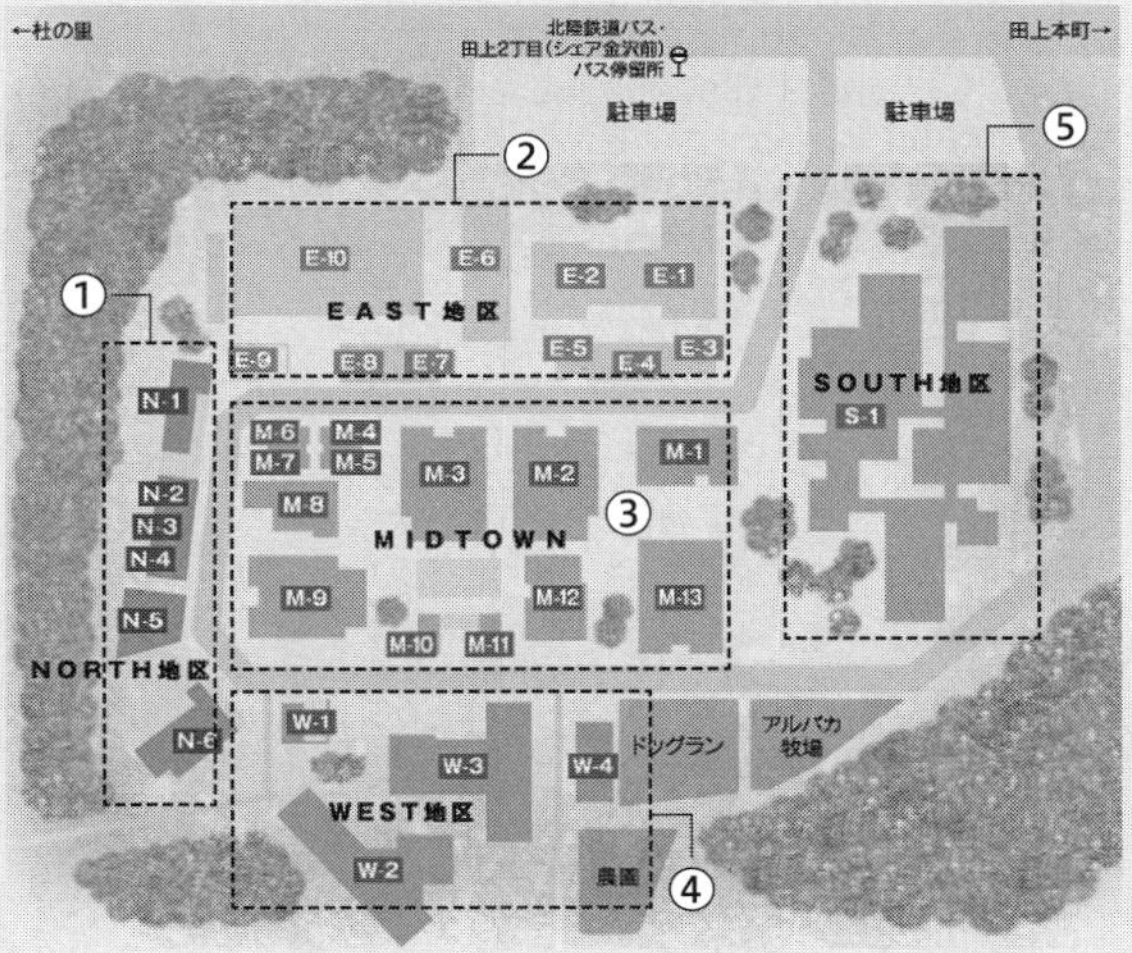

Share 金沢の概要(総面積約 11000 坪)(提供＝社会福祉法人佛子園)

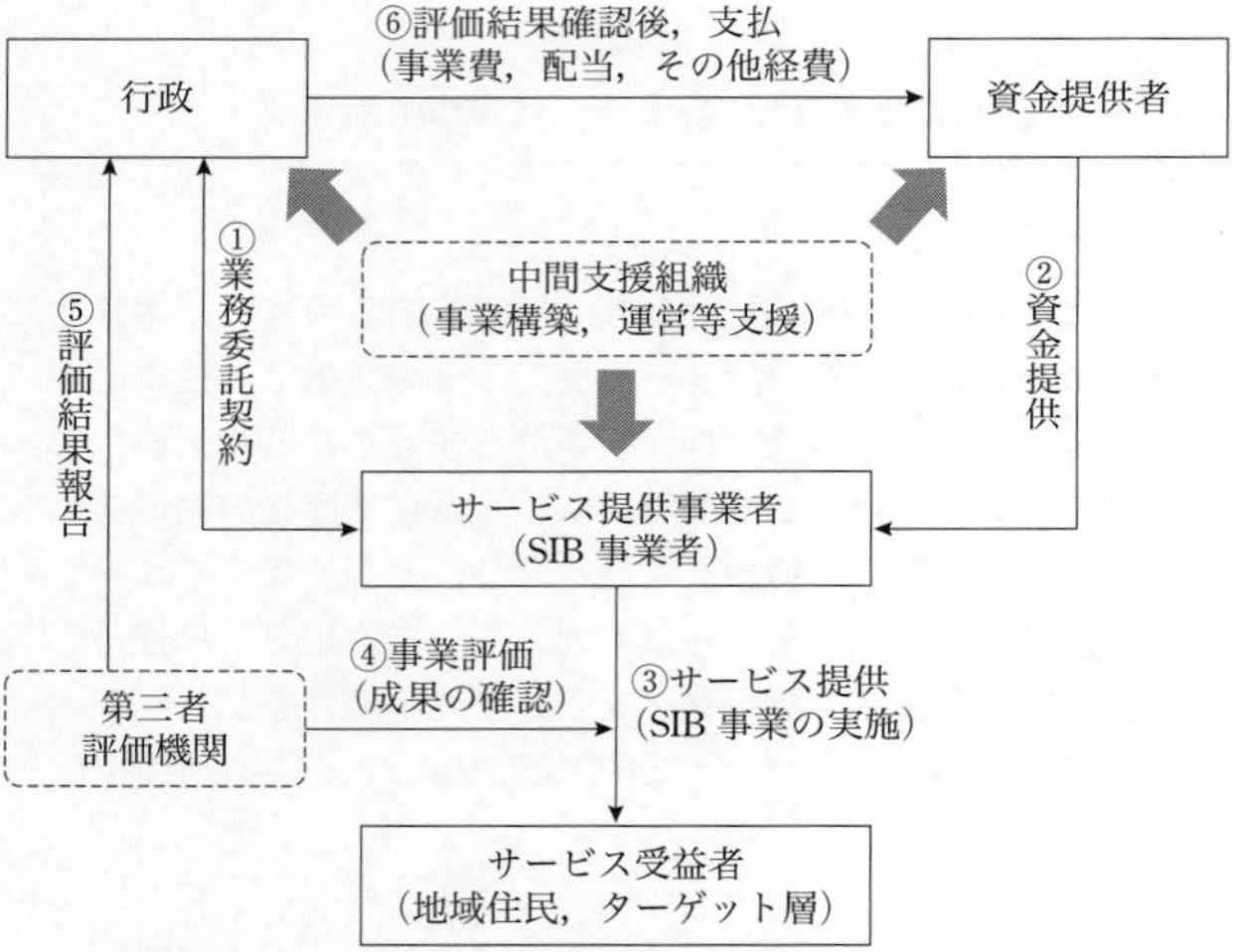

図終-3　SIB 提供事業者の業務イメージ

（注 1）ここで示したものはあくまでイメージ．資金提供者，第三者評価機関，中間支援組織の有無はケースバイケース

（注 2）民間資金の調達方法は投資，融資，自己資金など多様（資金調達はボンドに限るものではない）

（出所）SIB ホームページより作成

持続可能な地域創生に向けては、この先確実に展望できるハウジングビジネスのスモール化に対応する地域循環型社会を築いていくことが肝要であり、そのためには行政と連携した後述する地域居住政策とともに、地域力を醸成し、地域の社会経済循環、居住循環、ケアサイクルを機能させていく取り組みが期待されます。その新しい芽が徐々に芽生えつつあり、それらの動向を注視していきたいと思います。

4 地域マネジメントと地域ガバナンス

ハウジングビジネスのスモール化に伴い、今後の地域社会や地域構造においては、成熟社会にふさわしい社会経済活動や社会投資が各地域内で循環され、こうした便益を住民が実感しつつ、種々の活動や生活行動を進めていくような地域住民が主体となった地域社会の構築や再生が期待されます。そのためには、行政の仕組みや体制を効率化する一方で、より身近な地域に密着した地域運営の仕組みを整えていくことが必要になります。このことによって、地域の状況を把握認識し、より適切に効率的かつ必要性の高い地域サービスや生活サービスの差配と運営を行うことが可能となります。こうした動向は徐々に生まれつつあるものの、これを確実にしていくためには、行政の役割とその代替・代行・補完など様々な取り組みを総合的に調整していく機能(地域マネジメント)こそが重要です。「人口減少社会」や「ストック型社会」の「ハウジング・スモールネス」を指向する社会システムとは、こうした「地域マネジメント」を伴ってこそ適正に育成・展開できるものだと思います。

近年は、高齢化の進展や少子化の進展に伴い、種々の福祉サービスの必要性が増加し、地域サービスの質の向上と行政の効率化への大きな期待もみられます。財政難を背景に行政サービスを効率化するための公民連携や民間活用(公物管理委託等)も求められています。高齢化の進展に伴う課題や団地の各種サービスに対応するため、NPO等による種々のコミュニティビジネスが出現し、これを活用・連携する居住者組織やこれらを支援する公共団体も現れています。こうした地域では、NPO等の地域サービスが、行政サービスを補完するものとしてサービスの質向上への大きな期待も寄せられています。そこでは、地域の居住や生活を支える様々な活動や事業は、その地域に密着した企業や住民組織等が担い、これらを総合的に調整する地域マネジメント機能を、地域行政や業界組織が支援することによって、当該地域が活性化していくこととなります。

付加価値としての地域アイデンティティーや、資産価値を上げる新しい居住関連ビジネスが模索され始め、維持管理やセキュリティーが売り物になる時代へと変わりつつあります。今後は都市・地域づくりの中心行為は、これまでの開発一辺倒(デベロップメント)からマネジメントにシフトしていくであろうことは明らかです。地域の価値を増進していくためにはこうした地域マネジメントが重要で、地方公共団体においても、都市間競争・地域間競争のポイントとして地域価値の向上の取り組みとその仕組みが問われることになります。

種々の民間事業者に地域運営への参入を求めるには、既存の住宅や土地を更新・再生する事業によって資産を増やし、その価値を向上させる必要があります。このことが地域の長期にわたるまちづくりや再生事業への様々な投資を生むことに繋がります。こうしたことを視座に展開するマネジメントこそが、「ハウジング・スモールネス」概念の社会、都市・地域を構築していく道筋をつけることになると思われます。

その核となる住宅行政には、どのような役割を求めることになるのでしょうか。まず、近年の行政の変容についてみてみたいと思います。

地方行政の動向をみると、2000年頃から行政運営の効率化を求めて進められた「平成の市町村合併」に代表されるように、もしこのまま行政単位の拡大と効率化が進められれば、より広域化していく行政に対し、ローカル機能の受け皿としての地域のあり方が問われ、各地域の自治的マネジメント機能の重要性が一層増していくことは明らかです。

2005年頃から設置された国土審議会計画部会の報告では、「まちづくりの行政側の主体は市町村であるが、人口減少や高齢化等に伴う財政制約の強まりにより、様々な面で効率化が求められている」とされています。しかし、同時に「国民のニーズは高度化、多様化しており、生活面の安全・安心にかかる効用を高めるためには、これらのニーズにきめ細かく対応していく必要がある。これらの相反する要求を同時に達成するためには、市町村単独の取り組みでは限界がある」とも記されています。社会的サービスの供給能力や既存ストック状況に合わせて、サービス供給者の役割を再編していくことが提案されているのです。これに基づいて、政策分野ごとに、効率・効果的な複数市町村からなる広域の圏域と、地域住民一人一人の自助、地域コミュニティ内の互助・共助と公助により、自律的な地域運営を可能とする圏域(=歩いて暮らせるコミュニティレベルの圏域)とが位置づけられました。

行政の広域化によって住民と行政の距離が開いていくのに対し、ハウジングビジネスのスモール化に伴う小地域のまちづくりは、地域の意見を反映させる仕組みとして、そのガバナンスの重要性が認識されているといえます。住民による身近なコミュニティレベルでの生活圏域での住民自治の制度化や組織化が提案されていくことが期待されているのです。これらの地域の活動や事業の活力、地域循環の力を「地域力」と表すれば、その「地域力」によって、多様な住民や組織が、地域の社会的課題を明らかにし、各主体が自律的に協働しながら、地域の課題を解決したり、地域の価値・活力を創出することが期待されます。「地域力」の強弱は、地域組織およびその活動の積み重ねや、各地域の組織的な対応により左右され、住民の地域に対する参加意識の有無にかかっています。

地方都市の市街地や住まい・まちづくりは、すでに2000年以前から、地域経済・地域社会の衰退を背景に、人口減少や少子高齢化とともに多くの深刻な課題を投げかけていました。このような地方行政のひっ迫した状況と一層厳しくなる財政状況のもと、地方の住宅行政に関しては、経営的視点を踏まえた行政運営が重要視され、当時から提案された「地域居住政策」の必要性は高まる一方です。福島大学教授の鈴木浩は、地域居住政策の基本的枠組みは「住まいに対する地域社会のエネルギー（要求、資源――人・モノ・カネ、情報など）をトータルに把握し、それらを地域再生という方向に向けて、シナリオを描き、施策を展開していくことである」としています（眞嶋二郎＋住宅の地方性研究会編『地域からの住まいづくり』）。

「地域居住政策」は、地域居住を支える様々な担い手と協働しつつ、ハウジングビジネスを構築して、これらの理念やビジョンを地域再生、ストック政策、高齢社会政策などを貫く柱として位置づけられます。持続可能な地域社会像や地方都市のビジョンを描き、「ハウジング・スモールネス」を地域住民や地域居住産業と行政を繋ぎ、さらに居住政策・コミュニティ政策とまちづくりをも結びつけていく理念として考えていくことが重要です。

こうした地域居住政策に限らず、30年以上に及ぶ公共サービスの民営化の潮流は、行政の役割を大きく変えてきました。行政は、直接的な行政サービスを担う「プロバイダー」としての役割から、徐々に民間を含む多種多様な担い手を育て、これらを適切にマネジメント・調整する「コーディネーター」としての役割へとシフトしてきたことになります。今後さらに、市場化が不可避とされるなか、行政は、各プレイヤーの適正な活動・事業が展開されるべく「イネイブラー(条件整備)」の役割にウェイトを移していくこととなるでしょう。「ハウジング・スモールネス」を支える「地域居住政策」においては、地域密着居住産業の担い手が主役となる地域社会が志向されるでしょう。

「ハウジング・スモールネス」を適正に実現し支えていくためには、地域力の醸成と「地域居住政策」への取り組みが一層重要性を増していくことになります。地域力の醸成は、地域の居住や生活を支える様々な活動や事業を、地域に密着した企業や住民組織等が担い、これらを総合的に調整する地域マネジメント機能によって育まれます。これらを支援する行政の取り組みや、地域の自律を担う地域マネジメントと地域ガバナンスに「地域居住政策」の今後がかかっているようにも見えます。

5　アフターコロナ時代のハウジング

2020〜21年は新型コロナウイルス感染症によるパンデミックとその対応に明け暮れた2年でした。世界では、都市封鎖(ロックダウン)などにより行動変容や移動・集会の抑制など、これまでの都市のあり方に大きな影響を与えています。都市は、ヒト・モノ・カネの集積によって、富や豊かさ、多様性を担保し、その競争力によって発展してきました。しかし、新型コロナウイルス感染症の拡大は、都市間移動や人の集積に伴うグローバルリスクの一種であり、都市型災害ともいえるものです。今回のパンデミックの教訓は、都市やまちの魅力的な発展の裏にはその副作用に当たる種々のリスクが存在することが多く、これらを含めて包摂的な対応が重要であることだといえます。日本は元来、災害多発国で、地震、台風、水害など近年も多くの自然災害が発災し、常にその対応に追われる状況があり、安全・安心な社会の実現に向けて、防災と減災の取り組みや強さとしなやかさをもった都市やまちづくりが求められます。すなわち、都市は、集まることのリスク、繋がることのリスクにも対応しつつ、多様性を包含するレジリエントな共生システムをもつことが求められます。

コロナ禍では、社会像や都市・居住地の姿について、人々の接触回避に視座を据えた行動抑制と感染状況の監視体制や居住分散が主要な対策として語られることが多く、今回のパンデミックによって一時的には、都市人口の分散が進むことも考えられます。しかし、こうした行動抑制や都市や居住の分散は、従来から培ってきたプライバシー尊重や人間的尊厳に基づく自由と自立及び都市活動の基本となるヒト・モノ・カネの集積の魅力や効果を抑制する作用もあります。端的に、種々の行動抑制や自由の抑制は、現代社会における人々のストレスを増大させていくことも危惧されます。こうした近視眼的な対応にとどまらず、中長期的な変容を捉えた社会や居住のあり方の模索が必要です。

都市やまちの魅力や機能は、多様なヒト、モノ、コト、カネ、情報の集積に裏打ちされていることに変わりないとすれば、都市活動の原動力となる都市への集積は依然進むことが予想され、その集まり方やこれに伴うリスク回避や復元力を持った包摂的な新しい都市機能と集積の仕組みが求められます。人と人とのコミュニケーションの重要性を考えた場合、オンラインなどによる遠隔での言語コミュニケーションは限界があるといわれ、身振り、手振り、表情、音、におい、雰囲気等を総合的にツールとするフェイストゥーフェイスコミュニケーションがますます重要となるといわれます。昨今の情報通信技術やコロナ禍で学んだ様々なコミュニケーションツールやそれを効率的に活用することによって、バランスある集積と離隔コミュニケーションを考えていく必要があるように思います。特に、今後の地域社会に必要とされる第三の居場所は、地域の様々な人たちが集う心地いい場所であり、様々な刺激と安らぎを与えるコミュニケーションの場でもあります。その意味で、今後の社会にはこうした居場所を創設していくことが必須であり、その重要性に鑑みれば、アフターコロナ時代の新しいコミュニティ空間のあり方が問われることになります。

新型コロナウイルス感染終息後の社会では、ヒトの行動はローカルに凝縮された生活行動に重点化されていくことが多くなるでしょう。このことは、特に、アフターコロナ時代の社会システムや人々の行動パタンを大きく変えることになり、社会経済活動にも大きな変化をもたらすこととなります。また、今後は未曽有の感染症や災害に対するレジリエントな仕組みが一層重要になり、こうした社会の変容に伴う様々な領域のビジネスパタンをも大きく変えていくことになるでしょう。

前述したように、ここ10年程の社会像や人々が求める社会価値・居住価値は、徐々にではありますが大きな変容を遂げつつあります。今回のコロナパンデミックがこうした動向を大きく加速するきっかけとなることは間違いありません。その方向はSDGsへの転換を含めて、確実に脱グローバリズム、かつ復元力(レジリエンス)と持続可能性(サスティナブル)を志向する地域の経済や居住の循環を可能とする「ハウジング・スモールネス」の社会です。歴史学者のユヴァル・ノア・ハラリは「コロナ禍の対応はプライバシーか健康か、グローバリズムかナショナリズムかの二者択一の問題設定では解決できない」(ユヴァル・ノア・ハラリ『緊急提言 パンデミック――寄稿とインタビュー』)として、自由主義的、民主的対応を前提に、監視テクノロジーなどを駆使した「信頼」を手掛かりとした包摂的システムの構築を提言しています。地域社会において市場経済を適正に発展させて、信頼をもとにした種々の包摂的システムを築いていくことは、まさに「ハウジング・スモールネス」が志向する社会に他ならないと思います。

おわりに

本書の執筆を発意したのは、約3年前でした。

本書は、2015年に発行した『人口減少時代の住宅政策』(共編著、鹿島出版会)の続編として考えたものです。前書は、戦後70年の住宅政策を検証し、その論点から今後の住宅政策を展望するものでしたが、いくつかの視点から課題を投げかけるにとどまっていました。本書は、その後の住宅政策の視点を明示しつつ、今後の方向性を提示することに重点を置いたものとなっています。現在抱えている様々な課題は、この数十年間の大きな転換に向けて少しずつつぎはぎを重ねつつ対応されてきたもので、未来に向けてはドラスティックな転換こそが重要に見えます。こうした視点から今後の時代が求める社会像を多くの人が正しく認識し、これを市民、国、行政、事業者が共有しつつ、新しい時代の住まいやまちづくりに関する制度政策に反映させていく手掛かりにしたいとの思いが一つの動機です。その方向が脱グローバリズムに依拠する「スモールネス」の概念です。本書は、こうした問題意識に基づいて未来への布石を打ちたいという思いに駆られて執筆してきました。

本書の執筆中には、天皇の退位が決定し、２０１９年5月からは元号が「令和」に改元されることになりました。30年に及ぶ平成期が終焉を迎えることになったのです。このため、本書の役割の一つは、奇しくも平成30年間の住宅政策を総括することともなっています。

本書にも挙げましたが、平成期の30年間は人口減少、超成熟社会に向けての様々な模索と混乱の時期だったように思います。この時期の様々な取り組みといくらかの挑戦を的確に読み取ることこそ次の世紀の社会像を読み取り政策を展望するカギになるように思います。その幅広い取り組みであるがゆえに、これらを体系的に整理したものや類書は少なく、やや無謀な挑戦をしたようにも思えます。しかし、むしろこれをきっかけに大いに国民的議論が拡がり、体系的に整理されることを願っています。

本書の執筆期間中には、アフターコロナの社会システムや居住システムのあり方も議論されています。アフターコロナの社会システムでは人々の行動は小さな範囲に凝縮されていくと言われており、「ハウジング・スモールネス」概念やその状況を進める追い風となることは間違いありません。今後、未知の感染症や大災害など未曽有の事態に対応するレジリエントな復元力ある仕組みが一層重要になります。こうした社会の変容に伴う様々な領域のビジネスパタンも大きく変わっていくことと思います。

逆に言えば、「ハウジング・スモールネス」概念は、アフターコロナ社会のハウジングを再整理する大きな手掛かりとなるように思います。この概念は当初意図していた状況を超えて、今後の社会により大きな意味を持っていくかもしれません。

いずれにしろ、今後のハウジングには、従来と異なる新しい視点からの取り組みが欠かせない状況です。その方向性を示唆し、これを認識するための社会について、住宅政策やまちづくりにかかわる行政や実務者および学生など、とりわけこれからの社会やハウジングを担う多くの若い方々から理解と共有・共感を得るべく、本書を役立てていただきたいと願っています。

最後に、本書を取りまとめるにあたって、企画構成にご協力をいただいた川尻大介氏(スペルプラーツ)、楠亀典之氏(アルテップ)、また、出版編集にあたってアドバイスをいただいた上田麻里氏(岩波書店)および岩波新書編集部の方々に大変お世話になり、改めてここに記して謝意を表します。

2022年3月

川崎直宏

主要参考文献

全体にかかわる文献

建設省三十年史編集委員会編『建設省三十年史』建設広報協議会，1978年

建設省五十年史編集委員会編『建設省五十年史Ⅰ，Ⅱ』建設広報協議会，1998年

塩崎賢明編『住宅政策の再生――豊かな居住をめざして』日本経済評論社，2006年

住田昌二『現代日本ハウジング史 1914～2006』ミネルヴァ書房，2015年

日本住宅協会編『昭和の住宅政策を語る』日本住宅協会，1992年

本間義人『戦後住宅政策の検証』信山社出版，2004年

眞嶋二郎＋住宅の地方性研究会編『地域からの住まいづくり――住宅マスタープランを超えて』ドメス出版，2005年

山口幹幸・川崎直宏編著『人口減少時代の住宅政策――戦後70年の論点から展望する』鹿島出版会，2015年

序章

佐藤健正『英国住宅物語――近代のハウジングはどのようにつくられてきたか』市浦ハウジング＆プランニング叢書，2015年

第1章

巽和夫編『現代社会とハウジング』彰国社，1993年

西山夘三記念すまい・まちづくり文庫住宅営団研究会編『幻の住宅営団――戦時・戦後復興期住宅政策資料目録・解題集』日本経済評論社，2001年

日本建築学会編著『住宅セーフティネットの再構築を考える――居住貧困を解消するシステムはどうあるべきか』2014年度日本建築学会大会建築社会システム部門研究協議会資料，2014年

第2章

川崎直宏「東日本大震災の住宅復興の様々な誤謬」都市住宅学会，2014年5月

日本住宅公団史刊行委員会編『日本住宅公団史』日本住宅公団，1981年

浜本渉「PPP／PFIによる公的不動産の再生」三井不動産株式会社

「市場重視の住宅政策への転換を改めて問う」2009年度日本建築学会大会建築社会システム部門研究協議会資料，2009年

日本建築学会編著，前掲書，2014 年
「地域における公共住宅政策」2005 年度日本建築学会大会建築社会システム部門研究協議会資料，2005 年
「日本版 PPP の実現に向けて（中間とりまとめ）」経済産業省・経済産業研究所，2002 年 5 月

第 3 章
川崎直宏「集合住宅団地の現状と再生への展望」『不動産研究』2009 年 1 月号
建設省『スケルトン住宅って何？』建設省パンフレット
集合住宅のインフィル研究会／（公財）建築技術教育普及センター編著『集合住宅のインフィル改修』井上書院，2014 年
住宅産業問題研究会編著『住宅で資産を築く国，失う国』井上書院，2004 年

第 4 章
川崎直宏「今日の借家政策」日本住宅会議編『住宅白書改訂版』2020 年
「民間空き家等の住宅市場を活用した居住政策を考える」2016 年度日本建築学会大会建築社会システム部門研究協議会資料，2016 年

第 5 章
金子勝『セーフティーネットの政治経済学』ちくま新書，1999 年
川崎直宏「「住生活基本計画」策定の実態と課題およびその考察」2007 年度日本建築学会大会梗概，2007 年
——「住生活基本法以降の住宅政策と居住権」『住宅会議』2017 年 2 月号
——「住宅セーフティネット制度の限界と今後」都市住宅学会，2019 年 1 月
日本建築学会編著，前掲書，2014 年

第 6 章
川崎直宏「日本における近年の介護型老人居住施設の動向」『中国・建築学報』2017 年
山口健太郎・三浦研・石井敏編著『小規模多機能ホーム読本——地域包括ケアの切り札』ミネルヴァ書房，2015 年

終章
饗庭伸『都市をたたむ——人口減少時代をデザインする都市計画』花伝社，2015 年
河合雅司『未来の年表——人口減少日本でこれから起きること』講談社現代新書，2017 年

川崎直宏「HOPE 計画の果たした役割と将来課題」『住宅』2014 年 1 月号
鈴木浩編著『地域計画の射程』八朔社，2010 年
鈴木浩・山口幹幸・川崎直宏・中川智之編著『地域再生——人口減少時代の地域まちづくり』日本評論社，2013 年
ハラリ，ユヴァル・ノア『緊急提言 パンデミック——寄稿とインタビュー』柴田裕之訳，河出書房新社，2020 年
水野和夫『資本主義の終焉と歴史の危機』集英社新書，2014 年
長谷川敏彦「医療福祉の視点からまちづくりを考える——今なぜ「医療・福祉」と「まちづくり」なのか」NIRA 研究報告書「老いる都市と医療を再生する」2012 年 1 月
山口幹幸編著『「コンパクトシティ」を問う』プログレス，2019 年
山口幹幸・高見沢実・牧瀬稔編著『持続可能な地域創生　SDGs を実現するまちづくり——暮らしやすい地域であるためには』プログレス，2020 年
「ストップ少子化・地方元気戦略」日本創成会議・人口減少問題検討分科会報告，2014 年

ウェブサイト
・国土交通省(https://www.mlit.go.jp)
・市浦ハウジング＆プランニング(http://www.ichiura.co.jp)
・一般財団法人都市農地活用支援センター(http://www.tosinouti.or.jp)
・定期借家推進協議会(https://teishaku.jp)　　など

関連略年表

	住宅関連状況	主な出来事
(平成期)		
1989(H1)		税率3%で消費税スタート 天安門事件 ベルリンの壁崩壊→米ソ冷戦の終結
1991(H3)	借地借家法(1992年施行)	湾岸戦争 バブル崩壊 ソ連崩壊
1992(H4)		生活大国五箇年計画 地価下落に転ずる，新土地税制
1993(H5)	特定優良賃貸住宅の供給の促進に関する法律	自民党下野，非自民の細川内閣成立 EU発足
1994(H6)	高齢者，身体障害者等が円滑に利用できる特定建築物の建築の促進に関する法律(ハートビル法)	
1995(H7)	建築物の耐震改修の促進に関する法律(耐震改修促進法) 住宅建設コスト低減のための緊急重点計画	阪神・淡路大震災 地下鉄サリン事件
1996(H8)	第七期住宅建設五箇年計画 公営住宅法の一部改正	
1997(H9)		消費税5% 京都議定書議決 北海道拓殖銀行破綻，山一證券が自主廃業
1998(H10)		長野オリンピック
1999(H11)	エネルギーの使用の合理化等に関する法律(省エネ法)改正 都市基盤整備公団設立 住宅の品質確保の促進等に関する法律	ユーロの導入

関連略年表

	住宅関連状況	主な出来事
2000(H12)	マンションの管理の適正化の推進に関する法律(マンション管理適正化法)	
2001(H13)	高齢者の居住の安定確保に関する法律 第八期住宅建設五箇年計画 住宅市場整備行動計画	小泉構造改革(開始) 9・11米同時多発テロ事件
2002(H14)	マンションの建替え等の円滑化に関する法律(マンション建替え円滑化法) 構造改革と経済財政の中期展望	サッカーワールドカップ日韓共同開催
2003(H15)		イラク戦争
2004(H16)	独法都市再生機構	
2005(H17)	地域における多様な需要に応じた公的賃貸住宅等の整備等に関する特別措置法(地域住宅特措法) 構造計算書偽装問題 京都議定書発効	
2006(H18)	住生活基本法，住生活基本計画 高齢者，障害者等の移動等の円滑化の促進に関する法律(バリアフリー新法)	
2007(H19)	住宅確保要配慮者に対する賃貸住宅の供給の促進に関する法律(住宅セーフティネット法) 独法金融支援機構へ 特定住宅瑕疵担保責任の履行の確保等に関する法律(住宅瑕疵担保履行法)	郵政民営化
2008(H20)		後期高齢者医療制度が始まる リーマンショック
2009(H21)	長期優良住宅の普及の促進に関する法律(長期優良住宅法)施行	オバマが黒人初の米大統領就任 民主党政権誕生
2011(H23)	住生活基本計画改定(2次) 高齢者住まい法の改正―サービス付き高齢者向け住宅	東日本大震災

	住宅関連状況	主な出来事
	民間資金等の活用による公共施設等の整備等の促進に関する法律(PFI 法)改正 中古住宅・リフォームトータルプラン	
2012(H24)	地域型住宅ブランド化事業	自民党政権奪取
2013(H25)	耐震改修促進法改正 省エネ法改正 「違法貸ルーム」に対する是正指針	
2014(H26)	まち・ひと・しごと創生法 空家等対策の推進に関する特別措置法(空家等対策特別措置法)	消費税 8%
2016(H28)	住生活基本計画改定(3 次) 都市再生特別措置法改正	熊本地震
2017(H29)	大規模製造業の偽装問題	北朝鮮ミサイル発射実験 トランプ米大統領就任 森友・加計問題 九州北部豪雨
2018(H30)	免震データ改竄	西日本豪雨 米朝首脳会談
2019(H31)	レオパレス建築基準法違反	
(令和期)		
2019(R1)	大和ハウス建築基準法違反	令和への改元 消費税 10% 台風 19 号豪雨水害 ラグビーワールドカップ日本開催
2020(R2)	「SDGs アクションプラン 2021」 民法の改正(賃貸借関係) 賃貸住宅の管理業務等の適正化に関する法律(サブリース新法)	新型コロナウイルス感染パンデミック イギリス EU 離脱 東京オリンピック延期
2021(R3)		東京オリンピック開催 国連気候変動枠組条約第 26 回締結国会議(COP26)

川崎直宏

市浦ハウジング＆プランニング代表取締役社長．

京都大学大学院工学研究科卒．1979年，市浦都市開発建築コンサルタンツ（現・市浦ハウジング＆プランニング）入社．2016年より現職．住宅政策や自治体の住宅計画の策定，エリアマネジメント等の住宅・居住地計画に関する調査研究に携わる．

技術士．工学博士（京都大学）．日本大学非常勤講師．

著書―『地域からの住まいづくり――住宅マスタープランを超えて』（共著，ドメス出版，2005年），『地域再生――人口減少時代の地域まちづくり』（共編著，日本評論社，2013年），『人口減少時代の住宅政策――戦後70年の論点から展望する』（共編著，鹿島出版会，2015年）など．

これからの住まい――ハウジング・スモールネスの時代へ
岩波新書（新赤版）1924

2022年4月20日　第1刷発行

著　者　川崎直宏《かわさきなおひろ》

発行者　坂本政謙

発行所　株式会社 岩波書店
〒101-8002 東京都千代田区一ツ橋 2-5-5
案内 03-5210-4000　営業部 03-5210-4111
https://www.iwanami.co.jp/

新書編集部 03-5210-4054
https://www.iwanami.co.jp/sin/

印刷・理想社　カバー・半七印刷　製本・中永製本

ISBN 978-4-00-431924-5　　Printed in Japan

岩波新書新赤版一〇〇〇点に際して

ひとつの時代が終わったと言われて久しい。だが、その先にいかなる時代を展望するのか、私たちはその輪郭すら描きえていない。二〇世紀から持ち越した課題の多くは、未だ解決の緒を見つけることのできないままであり、二一世紀が新たに招きよせた問題も少なくない。グローバル資本主義の浸透、憎悪の連鎖、暴力の応酬――世界は混沌として深い不安の只中にある。

現代社会においては変化が常態となり、速さと新しさに絶対的な価値が与えられた。消費社会の深化と情報技術の革命は、種々の境界を無くし、人々の生活やコミュニケーションの様式を根底から変容させてきた。ライフスタイルは多様化し、一面では個人の生き方をそれぞれが選びとる時代が始まっている。同時に、新たな格差が生まれ、様々な次元での亀裂や分断が深まっている。社会や歴史に対する意識が揺らぎ、普遍的な理念に対する根本的な懐疑や、現実を変えることへの無力感がひそかに根を張りつつある。そして生きることに誰もが困難を覚える時代が到来している。

しかし、日常生活のそれぞれの場で、自由と民主主義を獲得し実践することを通じて、私たち自身がそうした閉塞を乗り超え、希望の時代の幕開けを告げてゆくことは不可能ではあるまい。そのために、いま求められていること――それは、個と個の間で開かれた対話を積み重ねながら、人間らしく生きることの条件について一人ひとりが粘り強く思考することではないか。その営みの糧となるものが、教養に外ならないと私たちは考える。歴史とは何か、よく生きるとはいかなることか、世界そして人間はどこへ向かうべきなのか――こうした根源的な問いとの格闘が、文化と知の厚みを作り出し、個人と社会を支える基盤としての教養となった。まさにそのような教養への道案内こそ、岩波新書が創刊以来、追求してきたことである。

岩波新書は、日中戦争下の一九三八年一一月に赤版として創刊された。創刊の辞は、道義の精神に則らない日本の行動を憂慮し、批判的精神と良心的行動の欠如を戒めつつ、現代人の現代的教養を刊行の目的とする、と謳っている。以後、青版、黄版、新赤版と装いを改めながら、合計二五〇〇点余りを世に問うてきた。そして、いままた新赤版が一〇〇〇点を迎えたのを機に、人間の理性と良心への信頼を再確認し、それに裏打ちされた文化を培っていく決意を込めて、新しい装丁のもとに再出発したいと思う。一冊一冊から吹き出す新風が一人でも多くの読者の許に届くこと、そして希望ある時代への想像力を豊かにかき立てることを切に願う。

（二〇〇六年四月）

岩波新書より

社会

- ジョブ型雇用社会とは何か　濱口桂一郎
- 法医学者の使命 「人の死を生かす」ために　吉田謙一
- 異文化コミュニケーション学　鳥飼玖美子
- モダン語の世界へ　山室信一
- 時代を撃つノンフィクション100　佐高信
- 労働組合とは何か　木下武男
- プライバシーという権利　宮下紘
- 地域衰退　宮﨑雅人
- 江戸問答　田中優子・松岡正剛
- 広島平和記念資料館は問いかける　志賀賢治
- コロナ後の世界を生きる　村上陽一郎編
- リスクの正体　神里達博
- 紫外線の社会史　金凡性
- 「勤労青年」の教養文化史　福間良明

- 5G 次世代移動通信規格の可能性　森川博之
- 客室乗務員の誕生　山口誠
- 「孤独な育児」のない社会へ　榊原智子
- 放送の自由　川端和治
- 社会保障再考 〈地域〉で支える　菊池馨実
- 生きのびるマンション　山岡淳一郎
- 虐待死 なぜ起きるのか、どう防ぐか　川﨑二三彦
- 平成時代　吉見俊哉
- バブル経済事件の深層　奥山俊宏・村山治
- 日本をどのような国にするか　丹羽宇一郎
- なぜ働き続けられない? 社会と自分の力学　鹿嶋敬
- 物流危機は終わらない　首藤若菜
- 認知症フレンドリー社会　徳田雄人
- アナキズム 一丸となってバラバラに生きろ　栗原康
- まちづくり都市 金沢　山出保
- 総介護社会　小竹雅子
- 賢い患者　山口育子

- 住まいで「老活」　安楽玲子
- 現代社会はどこに向かうか　見田宗介
- EVと自動運転 クルマをどう変えるか　鶴原吉郎
- ルポ 保育格差　小林美希
- 棋士とAI　王銘琬
- 科学者と軍事研究　池内了
- 原子力規制委員会　新藤宗幸
- 東電原発裁判　添田孝史
- 日本問答　田中優子・松岡正剛
- 日本の無戸籍者　井戸まさえ
- 〈ひとり死〉時代のお葬式とお墓　小谷みどり
- 町を住みこなす　大月敏雄
- 歩く、見る、聞く 人びとの自然再生　宮内泰介
- 対話する社会へ　暉峻淑子
- 悩みいろいろ　金子勝
- 魚と日本人 食と職の経済学　濱田武士
- ルポ 貧困女子　飯島裕子

岩波新書より

鳥獣害 動物たちと、どう向きあうか　祖田修
科学者と戦争　池内了
新しい幸福論　橘木俊詔
ブラックバイト 学生が危ない　今野晴貴
原発プロパガンダ　本間龍
ルポ 母子避難　吉田千亜
日本にとって沖縄とは何か　新崎盛暉
日本病 長期衰退のダイナミクス　金子勝 児玉龍彦
雇用身分社会　森岡孝二
生命保険とのつき合い方　出口治明
ルポ にっぽんのごみ　杉本裕明
鈴木さんにも分かるネットの未来　川上量生
地域に希望あり　大江正章
世論調査とは何だろうか　岩本裕
フォト・ストーリー 沖縄の70年　石川文洋
ルポ 保育崩壊　小林美希
多数決を疑う 社会的選択理論とは何か　坂井豊貴

アホウドリを追った日本人　平岡昭利
朝鮮と日本に生きる　金時鐘
被災弱者　岡田広行
農山村は消滅しない　小田切徳美
復興〈災害〉　塩崎賢明
「働くこと」を問い直す　山崎憲
原発と大津波 警告を葬った人々　添田孝史
縮小都市の挑戦　矢作弘
福島原発事故 被災者支援政策の欺瞞　日野行介
日本の年金　駒村康平
食と農でつなぐ 福島から　塩谷弘康 岩崎由美子
過労自殺〔第二版〕　川人博
金沢を歩く　山出保
ドキュメント 豪雨災害　稲泉連
ひとり親家庭　赤石千衣子
女のからだ フェミニズム以後　荻野美穂
〈老いがい〉の時代　天野正子
子どもの貧困Ⅱ　阿部彩

性と法律　角田由紀子
ヘイト・スピーチとは何か　師岡康子
生活保護から考える◆　稲葉剛
かつお節と日本人　宮内泰介 藤林泰
家事労働ハラスメント　竹信三恵子
福島原発事故 県民健康管理調査の闇　日野行介
電気料金はなぜ上がるのか　朝日新聞経済部
おとなが育つ条件　柏木惠子
在日外国人〔第三版〕　田中宏
まち再生の術語集　延藤安弘
震災日録 記憶を記録する　森まゆみ
原発をつくらせない人びと　山秋真
社会人の生き方　暉峻淑子
構造災 科学技術社会に潜む危機　松本三和夫
家族という意志　芹沢俊介
ルポ 良心と義務　田中伸尚
飯舘村は負けない　千葉悦子 松野光伸
夢よりも深い覚醒へ　大澤真幸

岩波新書より

3・11 複合被災◆	外岡秀俊
子どもの声を社会へ	桜井智恵子
就職とは何か	森岡孝二
日本のデザイン	原研哉
ポジティヴ・アクション	辻村みよ子
脱原子力社会へ	長谷川公一
希望は絶望のど真ん中に	むのたけじ
福島 原発と人びと	広河隆一
アスベスト 広がる被害	大島秀利
原発を終わらせる	石橋克彦編
日本の食糧が危ない	中村靖彦
勲章 知られざる素顔	栗原俊雄
希望のつくり方	玄田有史
生き方の不平等◆	白波瀬佐和子
同性愛と異性愛	風間孝 河口和也
贅沢の条件	山田登世子
新しい労働社会	濱口桂一郎
世代間連帯	上野千鶴子 辻元清美
道路をどうするか	五十嵐敬喜 小川明雄

子どもの貧困	阿部彩
子どもへの性的虐待	森田ゆり
戦争絶滅へ、人間復活へ	むのたけじ 黒岩比佐子聞き手
テレワーク 「未来型労働」の現実	佐藤彰男
反貧困	湯浅誠
不可能性の時代	大澤真幸
地域の力	大江正章
少子社会日本	山田昌弘
親米と反米	吉見俊哉
「悩み」の正体	香山リカ
変えてゆく勇気◆	上川あや
戦争で死ぬ、ということ	島本慈子
ルポ 改憲潮流	斎藤貴男
社会学入門	見田宗介
冠婚葬祭のひみつ	斎藤美奈子
少年事件に取り組む	藤原正範
悪役レスラーは笑う◆	森達也
いまどきの「常識」	香山リカ
働きすぎの時代◆	森岡孝二

桜が創った「日本」	佐藤俊樹
生きる意味	上田紀行
ルポ 戦争協力拒否	吉田敏浩
社会起業家◆	斎藤槙
ウォーター・ビジネス	中村靖彦
逆システム学◆	金子勝 児玉龍彦
男女共同参画の時代	鹿嶋敬
当事者主権	中西正司 上野千鶴子
豊かさの条件	暉峻淑子
クジラと日本人	大隅清治
人生案内	落合恵子
若者の法則	香山リカ
自白の心理学	浜田寿美男
原発事故はなぜくりかえすのか	高木仁三郎
日本の近代化遺産	伊東孝
証言 水俣病	栗原彬編
日の丸・君が代の戦後史◆	田中伸尚
コンクリートが危ない	小林一輔

(2021.10) ◆は品切，電子書籍版あり． (D3)

岩波新書より

東京国税局査察部　立石勝規
バリアフリーをつくる　光野有次
ドキュメント屠場　鎌田慧
能力主義と企業社会　熊沢誠
現代社会の理論　見田宗介
原発事故を問う　七沢潔
災害救援　野田正彰
スパイの世界　中薗英助
都市開発を考える　大野輝之　レイコ・ハベ・エバンス
ディズニーランドという聖地　能登路雅子
原発はなぜ危険か　田中三彦
豊かさとは何か　暉峻淑子
農の情景　杉浦明平
異邦人は君ヶ代丸に乗って　金賛汀
読書と社会科学　内田義彦
科学文明に未来はあるか　野坂昭如編著
文化人類学への招待◆　山口昌男
ビルマ敗戦行記　荒木進
プルトニウムの恐怖　高木仁三郎

日本の私鉄　和久田康雄
社会科学における人間　大塚久雄
沖縄ノート　大江健三郎
音から隔てられて　入谷仙介　林瓢介編
民話　関敬吾
唯物史観と現代〔第二版〕　梅本克己
民話を生む人々　山代巴
死の灰と闘う科学者　三宅泰雄
米軍と農民　阿波根昌鴻
沖縄からの報告　瀬長亀次郎
結婚退職後の私たち　塩沢美代子
暗い谷間の労働運動　大河内一男
ユダヤ人　J-P・サルトル　安堂信也訳
社会認識の歩み　内田義彦
社会科学の方法　大塚久雄
自動車の社会的費用◆　宇沢弘文
上海　殿木圭一
現代支那論　尾崎秀実

岩波新書より